中国这么美的 **30** 个 自治州

带一本书去

怒江

熊泰河 蒋茜 著

中国民族文化出版社

北京

独龙江 张晋康／摄

目录 | CONTENTS

CHAPTER 01

有一种向往叫怒江

2　　秘境怒江，户外天堂
12　民族风情的交融与绽放

CHAPTER 02

险峰高悬石月亮

22　镶嵌在大地上的月亮
26　峡谷观景台——怒吃哑
28　雄峰石太阳

CHAPTER 03

丹霞湿地花红草绿

34　情人坝·情人树
38　吉利吉峡谷·情人回音壁
42　大羊场——怒江唯一湿地公园

CHAPTER 04

生态多面高黎贡山

48　人类迁移的走廊
52　"世界物种基因库"
56　感受高黎贡
63　傈僳族《温泉恋歌》的诞生地：登埂温泉

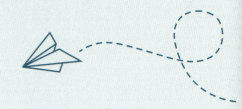

CHAPTER 05

边陲秘境独龙江

68   神秘的独龙江

72   月亮的眼泪：哈唠瀑布

77   铓锣声响普卡旺

CHAPTER 06

惊险酣畅自驾怒江

86   G219——此生必驾

87   漫步彩虹路

88   怒江第一险滩——老虎跳

90   记忆之城——知子罗

92   怒江第一湾

94   悬崖峭壁石门关

98   怒江茶马古道

100   山野隐士——雾里

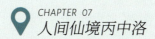

CHAPTER 07

人间仙境丙中洛

106   自然风物

111   多元和谐

CHAPTER 08

美丽乡村新兴山寨

118   "中华百家姓"云南第一村——三河村

124   云端上的怒苏村寨——老姆登

130   隐世田园——秋那桶

CHAPTER 09
吃在怒江直击味蕾

142 傈僳族民间特色簸箕饭（手抓饭）
146 白族民间特色八大碗
148 彝族民间"杀猪饭"
151 传统接待宴席"草果宴"
153 直击味蕾的傈僳族漆油鸡
155 有温度的民族饮食——怒江"峡啦"

CHAPTER 10
物阜民安丰饶怒江

160 怒江草果
162 怒江野坝子蜂蜜
164 泸水老窝火腿
165 贡山独龙牛
167 泸水高黎贡山猪
169 漆树·漆油

CHAPTER 11
游兴之余逛逛市场

174 夜泊西岸
179 历史久远的上帕街
182 香飘丹当夜市

CHAPTER 12
智慧民族编织怒江

188 能奏出美妙音符的工艺品——傈僳族"起奔"

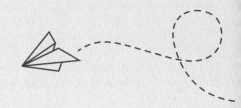

189   男子汉的装饰物——傈僳族弩弓
193   披在身上的彩虹——独龙族"拥朵"
196   民族文化的符号——怒江各民族多彩服饰

CHAPTER 13
节日引客舞动怒江

204   "刀山敢上、火海敢闯"的节日——"刀杆节"
208   樱桃花迎来的节日——"阔时"节
213   唱响情歌的节日——澡塘会
216   堆满鲜花的节日——怒族"乃仍"节
223   铓锣敲响的节日——独龙族"卡雀哇"
226   谈情说爱的节日——普米族"转山"节

CHAPTER 14
歌舞醉客记忆怒江

232   多声部天籁之音——傈僳族"摆时"
236   追忆祖先的古歌——傈僳族"木刮"
238   悠悠情歌——傈僳族"优叶"
239   奔放激越的舞蹈——傈僳族"刮克"
242   男女对跳木楼舞——傈僳族"迁俄"
244   简约朴素的舞蹈——独龙族铓锣舞
245   弦子拉出的激情舞——阿怒"卓欠姆"
246   羊皮敲出的龙摆舞——普米族"搓蹉"

后记

CHAPTER 01

有一种向往叫怒江

走进她，就等于走进了人人向往的、"有一种叫云南的生活"之——秘境怒江。

独龙江峡谷 罗金合 / 摄

秘境怒江，户外天堂

在祖国西南边陲的高山峡谷间，有这么一块美丽、神奇的地方，她因一条奔腾咆哮的大江而得名，从她的名字就可以知晓她坚定、勇毅和一往无前的性格，她就是全国 30 个民族自治州之一——怒江傈僳族自治州。走进她，就走进了人人向往的、"有一种叫云南的生活"之——秘境怒江。

怒江傈僳族自治州成立于 1954 年 8 月 23 日。当时称为"怒

江傈僳族自治区"。1957年1月，"怒江傈僳族自治区"改为"怒江傈僳族自治州"（以下简称"怒江州"），州府设在原碧江县知子罗。由于坐落在碧罗雪山西麓半山腰知子罗的州府无法承载经济、政治、文化的发展，1978年起，州府开始逐步迁至泸水县六库区。当时，泸水县政府所在地为鲁掌区，而怒江州州府在六库区，怒江傈僳族自治州从而成为全国少数民族自治州州府设在乡镇的为数不多的民族自治地方。州府的设立，为六库乃至泸水的经济、政治、文化、社会、生态文明的协调

泸水俄嘎风光 周天益/摄

发展插上腾飞的翅膀。2000 年起，泸水县政府所在地从鲁掌镇迁至六库，六库区、六库镇合二为一，成为州府及县府所在地。2020 年，随着易地扶贫搬迁工程的实施，六库镇、上江镇周边新建了 6 个社区，人口规模陡然增加，城市空间快速扩容，六库镇行政区划调整为六库街道办事处和大练地街道办事处。

怒江州是镶嵌在云南西北一颗耀眼的明珠，她北接西藏自治区灵芝市察隅县，南邻云南省保山市隆阳区，东连大理白族自治州云龙县和剑川县、丽江市玉龙县和迪庆藏族自治州维西傈僳族自治县，西与缅甸联邦接壤，边境线长 450 千米。怒江州的面积并不大，只有 14703 平方千米，就是在这么小的面积里，怒江处于青藏高原南延部分横断山脉纵谷地带，西部属喜马拉雅山地槽的察隅 - 腾冲褶皱系。构造南北为主，且岭谷排列紧密。在狭长形的地带里，从西到东，雄奇、险峻、巍峨、秀丽的地质特征地理风貌应有尽有。担当力卡山和独龙江峡谷以秀丽、神秘著称于世，高黎贡山山和碧罗雪山山以及怒江大峡谷以雄奇、险峻、巍峨闻名于世，云岭山和澜沧江峡谷以秀美、壮丽闻名遐迩。怒江还拥有着独龙江、怒江和澜沧江以及几百条支流，彰显着山与水的灵魂对话和人与山水的和谐共生。一个州拥有这么多山、江河在国内民族自治地方实属罕见、不可多得。

"秘境怒江，户外天堂"不是一句口号，而是一种高超的区别于云南其他地方的旅游形象定位，也体现着自治州仍然属于云南乃至中国旅游开发处女地的特征。这个定位为怒江世界级高山峡谷旅游胜地建设插上了发展的双翼，即一为"秘境之翼"，一

澜沧江大拐弯　周天益／摄

　　为"户外之翼"，双翅同频共振定会推动怒江文化旅游产业快速发展。经过几年的宣传推介，已经得到社会各界、海内人士，如外观光者、登山者、探险者、科考者以及民族风情体验者的认可。为了探秘和体验户外生活的人络绎不绝地涌入怒江大峡谷感受原始、激情、世界独一无二的刺激。

　　怒江傈僳族自治州下辖州府所在地泸水市、傈僳族主要聚居地福贡县、贡山独龙族怒族自治县、兰坪白族普米族自治县，三县一市，总人口55万。在全国30个民族自治州中，怒江州少数民族人口比例最高，约占94%。境内居住着汉、傈僳、怒、独龙、普米、白、藏、彝、傣、景颇、纳西等22个民族。其中怒族、独龙族是怒江傈僳族自治州独有民族，而普米族除了分布在云南省丽江市以外，就只分布在怒江；傈僳族、独龙族、怒族是跨境而居的民族，在缅甸、印度、泰国、马来西亚等国家和地区均有分布；怒族由怒苏、阿侬、若柔、阿怒4个不同源流的族群构成，语言差别大、风俗各异、文化不同；白族在怒江境内有勒墨人、那玛人、拉马人支系，各支系有着自己独特的社会历史和传统文化。千姿百态的民族构成和分布，塑造了怒江民族文化多彩、绚烂、朴素的秉性，展现出各民族文化的独特魅力。同时，在中华

怒江大峡谷 罗金合／摄

民族文化大观园里绽放着"各美其美、美美与共"的花朵，为中华民族现代文明发展注入新鲜血液。

高山和峡谷是怒江州旅游资源的重要内容，是旅游景观的基本要素，更是旅游观光的一大看点。"四山夹三江"的地貌特征，是全国其他地方乃至世界上少有的特殊地理风貌。高黎贡山以其

担当力卡山 罗金合／摄

高耸险峻的姿态，名副其实地成为中国西南边陲天然的生态安全屏障和国防线；碧罗雪山以其秀美壮丽的形象，纵贯于怒江和澜沧江之间，把自治州隔出东西两大块；云岭高原以其绵延苍茫的性格，演绎着自治州与外界交流往来的历史和现实的情结。山脉或纵贯或横亘夹持着奔涌的江河，江河的咆哮更显峡谷幽深、绵长。从东至西、从南到北，景点、景观、景区遍布全境。来到怒江，既能仰望高山，又能俯瞰江河；登高让你的形象成为高峰，观水让你的灵魂得到洗礼。这样的体验，除了怒江，中国其他地

方很难寻觅。

　　各地的风光都是以各地的地质构造和地貌特征衍生出来的景观，有什么样的地理环境和自然条件，就有什么样的景区景观景点。怒江州境内的景观从大处看，就是高山、峡谷、江河；从小处看，是一个个孳生在峡谷和高山间的微型景观。类型可分为险滩、怪石、险峰、飞瀑、溶洞、森林、草甸、山湖、古树、奇花、异草，等等。泸水市境内有驰名国内的风雪丫口、高黎贡山生物多样性保护核心区原始森林，有漂流者激情划越、放纵野性的激

老窝山 罗金合/摄

怒江大峡谷雾海 郭子雄 / 摄

流险滩老虎跳，有被称为上帝眼泪、在那里可以呼风唤雨的听命湖，有高山草甸、野生动物栖息之所腊玛窟溶洞，有被称为不离不弃、"千古情侣"的滴水河阴阳瀑布，有形似更神似的"伟人峰"，等等。福贡县境内有被称为"天降神石"的匹河"飞来石"，有各种花卉环抱的碧罗雪山七莲湖，有被怒族人视为母舅山的高黎贡山"皇冠"峰，有被视作忠贞爱情的见证和巨型女性生殖神器"亚哈巴"亦称"亚腊唅"（石月亮），有被视为巨型男性生殖神器的亚坪雄峰"亚腊达"（男人峰），有可徒步登山探秘的达普洛高山冰湖群，等等。贡山县境内有亘古"等待丈夫归来"的"门嫩梓"江中松，有无比神奇、天神"嘎木"开垦天黑普破洛高山"神田"，有秀丽弯曲、因碧罗雪山伸出"神脚"后形成的"怒江第一湾"，有大自然鬼斧神工造就的石门关，有人类难以企及的丙中洛十大神山之一、怒江第一高峰卡娃卡布峰，有神秘莫测、流满翡翠的国家5A级景区独龙江峡谷，等等。兰坪县有普米族青年男女纵情舞蹈的情人坝和顶礼膜拜的情人树，有云南省少有的丹霞地貌罗古箐风景区，有怒江唯一国家级湿地公园大羊场草甸和杜鹃花海，有九十九龙潭之称的老窝山高山湖，等等。

民族风情的交融与绽放

绚烂的民族文化是怒江州高山峡谷旅游胜地的灵魂，更是"人人向往怒江"的一张名片。傈僳族的多声部民歌"摆时""木刮""优叶"被世人称为天籁之音，怒族民歌"俄得得""阿楼西杯"等被世人誉为人间最美的民歌小调，独龙族民歌"门租"被世人叫作最古朴、真实的赞歌，普米族的"吉赛叽""嚓哩"被世人说成最生活、最有情趣的民歌，白族的"开益"被音乐人称为曲调最丰富的民歌。有嘴就会唱歌，有脚就会跳舞。怒江各民族舞蹈种类丰富，其中傈僳族"刮克""迁俄""起奔小调舞"、怒族的"达比亚舞""卓欠姆"舞、独龙族的铓锣舞、普米族的"羊皮舞"（龙摆舞）、彝族的"阿时寨"舞、景颇族的"进房调"舞等，因在省内外民歌及"非遗"展演中获奖和受邀前往日本、捷克、俄罗斯等国家和地区演出而享有盛名。这些民歌和民间舞蹈既是传承民族精神的活的范式，又是吸引海内外游客的金字招牌。除此以外，怒江也有着丰厚的历史人文资源。泸水市片马镇的"片马抗英纪念馆""驼峰航线纪念馆"和"片马人民抗英胜利纪念碑"、上江"栗柴坝抗日同胞遇难纪念碑"、兰坪通甸镇的"通兰暴动胜利纪念碑（馆）"是怒江爱国主义教育基地和红色旅游线路；六库土司衙门、兰坪兔峨土司衙门旧址能找寻到怒江和平解放前历代土司对边疆治理的历史印记；福贡木尼玛渡口、拉玛底渡口仍在演绎当年国民党远征军从缅北经野人山回国、当地老百姓营救的峥嵘岁月；自治州旧州府知子罗悄然成为人们前往打卡的"记忆之城"。怒江州在福贡知子罗村、贡山迪玛洛村、泸水登埂村建造的"半山酒店"和在泸水阳坡村、福贡米俄洛村等建造的观景台，游客可以身居大自然秘境之中，观看高山峡谷间云展云舒、日出日落的景象，让自己处于仙境而如仙缥缈，心旷神怡。

怒江州得天独厚和雄奇险峻的自然资源，是中国乃至世界户

外运动者的天堂之一。怒江，在西
藏境内叫黑水河，出国境叫萨尔温
江，唯在怒江境内每千米落差 2 米，
因此是一条难得的江河漂流和皮划
艇野水赛事的举办地。1996 年 11
月，怒江州旅游局与美国科罗拉多
州漂流协会组织世界顶尖漂流手、
皮划艇健将漂流怒江，揭开了怒江
在世人眼里"处女河"的神秘面纱，
开了怒江水上运动的先河。1997 年
11 月，中国珠江漂流队来怒江集训，
20 多家媒体集中报道，又使怒江漂
流蜚声海内外。2021 年起，每年傈
僳族"阔时"节期间，在怒江举办
国际皮划艇野水公开赛，吸引了不
少来自国内、国际漂流、皮划艇和
水上表演爱好者。秀美雄奇的山川
是登山探险者的乐园。目前开辟有
泸水听命湖徒步探险、福贡七莲湖
徒步探险、福贡石月亮徒步祈福登
山栈道、兰坪县盐马古道寻踪步道
等多条线路，每年吸引着不少登山
者前来探秘。

怒江动植物资源丰富、种类繁

雪邦山 张金翥 / 摄

多，是动植物科学考察的天堂。有珍稀动物云豹、亚洲虎、小熊猫、羚羊、羚牛、菲氏叶猴以及各种珍稀鸟类和昆虫，尤其是以"怒江"命名的新种金丝猴的发现，在"动物王国"之外又加冕"物种基因库"。怒江境内由于有云杉、秃杉、大树杜鹃、桫椤、香樟、珙桐等植物资源，有雪兰、素心兰、荷瓣兰、蝴蝶兰以及各种名贵花卉资源，有黄连、厚朴、杜仲、黄精、重楼等中草药资源，怒江又被誉为"植物王国"。这两个"王国"其实就是建构"科考王国"和"户外王国"的羽翼。由于海拔高低悬殊，呈

怒江三界湾 罗金合／摄

立体气候，高黎贡山生物物种多样，继"国家级自然保护区"后又夺得"生物多样性保护核心区"的桂冠，名副其实地成为祖国西南生态安全屏障。

泸水市是怒江大峡谷南大门，来怒江旅游，第一站便是州府六库。2016年泸水撤县设市，成为今天一个新兴的边境城市和旅游打卡地。民族传统文化绚丽多姿，非物质文化异彩纷呈，民族风情朴实浓郁，素有傈僳族"摆时之乡""刮克之乡"等美誉；有被列入国家级非物质文化遗产的"上刀山、下火海"的民俗活动和被列入中国旅游节庆文化的傈僳族"阔时"节，从每年正月到腊月，每个月都有不同民族的传统节日。州府六库被汩汩流淌的怒江水隔为江东和江西两块，8座不同年代建造的不同结构的桥梁连接新老城区，行道树凤凰花簇簇似火，蓝楹花鲜得发紫，各色花卉争奇斗艳，被美称为"花漫泸水"。泸水南部香料产业园的兴建，又使泸水被称为"香料之都"。福贡县处在世界自然遗产"三江并流"的腹地，傈僳族、怒族传统文化绚烂丰富，各具特色，素有傈僳族"优叶之乡""迁俄之乡"和怒族"达比亚之乡"等美誉，其中"江沙埋情人"、傈僳族"簸箕饭""同心酒"最具特色；福贡是来自四面八方游客的祈福之地，来福贡旅游，可"攀月祈福"，可"探湖祈福"，可"飞渡祈福"，反正祈福的方式多种多样，游客带回去的幸福绝对满满。贡山县是怒江州北大门，北与雪域高原西藏接壤，东与香格里拉圣地迪庆相连，是峡谷旅游的"飞地"，北可沿喀纳斯－东兴（喀东线即219国道）自驾游西藏，东可翻越孔雀山到达美丽的香格里拉；境内居住着怒江州独有民族独龙族、怒族，还有少量的藏族，民族风情原始、古朴、独特；怒族"石板粑粑""木楸鸡""咕嘟酒"等是当地最有特色的饮食；由于贡山所处的地理位置，被人们称为"三江明珠"；而一直名声在外的丙中洛、秋那桶、独龙江往往成为旅游"打卡地"，每年都吸引着不少游客慕名前来观光、旅游和体验民族风情。兰坪县是怒江州的东大门，是怒江州白族、普米族的主要聚居地，同时还分布有傈僳族、怒族，各民族传统文化多姿多彩，风俗各异；有怒江州唯一的丹霞地貌景观、高山牧场和湿地公园；兰坪处于怒江与丽江、大理、迪庆风景区接合部，是丽江、大理、迪庆游客进入怒江的"前进营地"；同时，兰坪还有世界第二大、亚洲第一大铅锌矿产资源，素有"绿色锌都"之美誉。

怒江的旅游以高山、峡谷观光旅游著称，辅以科考旅游、民族风情旅游，使怒江成为中国户外活动的天堂，也是云南省内正在开发、发展的最后一块旅游"净土"。怒江以博大的胸怀、有力的双臂迎接海内外游客的到来。

日月同辉 武发菊 / 摄

CHAPTER 02

险峰高悬石月亮

"天上一个月亮，水里一个月亮。天上的月亮在水里，水里的月亮在天上。"

石月亮 罗金合 / 摄

镶嵌在大地上的月亮

"天上一个月亮，水里一个月亮。天上的月亮在水里，水里的月亮在天上。"在福贡，除了天上、江里，还有镶嵌在大地上的石月亮，"明月伴石月，万古照江流"，三月交辉，举世罕见。

石月亮是福贡最为典型的地理标志，位于福贡县城北 40 千米的高黎贡山山峰之上，为天然大理岩溶蚀而成的穿透山体溶洞，宽高数十米，面积相当于半个足球场。怒江地区在远古时代为浅海区，海底的大理岩经过水体长期的溶蚀，逐步发育为溶洞。在印度板块与欧亚板块碰撞的过程中，浅海区被迅速抬升成陆地；在第四纪冰川作用的影响及河流沿构造线迅速下切的作用下，日渐形成山脉。本为浅海大理岩溶洞的石月亮，在地壳板块运动中，在强烈的地质应力影响下冲出海面，伴随高黎贡山的抬升，不断地剥离、抬升、坍塌，最终屹立在怒江大峡谷的山巅之上。融身石月亮之中，感受这一场千百万年的演变，沧海桑田、海底山巅、石月之奇，理解时需要按若干次快进键。

咆哮的怒水，险峻的山崖，耸立的群峰，把石月亮衬托在天地之间，与日月同辉、与山河万古。天上的月亮有阴晴圆缺、有夜升昼落；石月亮始终圆满、昼夜常伴，弥补了阴缺降落的缺憾。雾气蒸腾的早上或雨后初晴时，薄雾漫笼，石月羞羞答答地时隐时现，与云雾缠绵；烈日当空，石月玉轮，交相辉映；月圆之夜，月华如水，石月悠深。

在怒江东岸的美丽公路旁边，建有石月亮观景台。如果行程仓促，可至此小憩，驻足远眺。石月亮高悬于山林峰海之中，观之愈久愈给人以安静祥和之感。若时间宽裕，可亲自爬一次石月亮山。步道临危而设，"天梯石栈相钩连"，一路古木参天、林荫蔽日，野花遍地、鸟鸣不断，奇峰怪石，流泉飞瀑，步步为景，景色百步不同。清新的空气，悦耳的鸟鸣，怡人的山光水色，宛若游走在画中。久居凡尘、常处闹市，工作、生活里免不了各种糟心事，堆积到一定量的时候就需要来一次清空。登临石月亮山间，移情清风明月，眼里有山水，心中有丘壑，顿时豁达不少。

石月亮山 张晋康/摄

攀爬时流出的汗水让饱览到的风光变得更珍贵，无限风光尽在险峰，站到石月亮前观看不同方向的景色、感受迎面吹来的风，深度体验大自然的无限魅力和神奇险峻。福贡民间有"不到石月亮非好汉"的说法，爬到石月亮，那些沉甸甸的想法会在瞬间释然，秀美的山水治好了精神的内耗。除了石月亮外，"神指山""一线天""神蛙石"等在山下领略不到的景观给人以不枉此行的感叹。

石月亮在傈僳语里为"亚哈巴"，被视为神圣的地方。传说很久以前，怒江流域就居住着人类。有一次连续降雨，下了四十九天的倾盆大雨之后，洪水淹天漫地，淹没了所有的山沟河谷，冲毁了所有的村庄田地，只有一对兄妹在神灵的启示下躲进了大葫芦，顺水漂流幸免于难。眼见洪水即将淹没山巅，直冲天空，危急时刻，神灵赠送给哥哥一把神弓、两支神箭。哥哥拉满弓，奋力将神箭射了出去。山巅射出了一个大窟窿，洪水由此源源不断地流出去。石月亮即为哥哥射穿的山体。洪水退去后，地

亚坪冬景 张晋康 / 摄

上只剩下兄妹二人。在经过各种神迹的考验后，二人成为夫妻繁衍出人类。关于石月亮的由来，在福贡傈僳族、怒族民间还流传着各种各样的动人传说。石月亮在傈僳语中还称为"亚腊念"，意思就是"巨型女性生殖器"，在当地的民间传说里是人类起源的地方。石月亮被当地傈僳族、怒族视为神山，人们会向它祈福，保佑人们去病除灾、人畜兴旺、五谷丰登。

　　分布在中国德宏、保山的部分傈僳族和缅甸、泰国、印度等东南亚、南亚国家的傈僳族大多从怒江迁移出去。在近代以前傈僳族没有文字，常以大江大川或独特的山形地势作为迁徙中的重要地理标识。翻越高黎贡山继续西迁的傈僳族人铭记着石月亮，将其视为祖先迁徙的重要节点。保山、德宏、临沧等地州以及缅甸、泰国、印度等国家的傈僳族普遍把石月亮尊为先祖迁徙的源头，为此石月亮有"傈僳之根"的称谓。

峡谷观景台——怒吃哑

攀登完石月亮，一定要去"怒吃哑"观景台，在那里可以领略大峡谷风光，让你满足身处仙境的遐想。

从石月亮乡"反帝桥"启程，经过傈僳族寨子米俄洛村一路盘旋上升，公路两旁葱绿的树木、鲜艳的山花、蓬蓬竹丛映入眼帘，想去触摸大自然带给人类的盎然绿意、芬芳花朵，但咫尺之遥的观景台深深吸引着你，而你却不得不放弃眼前的景色，不停驱车向高处驶去。拐过一个箐沟，一个奇特的建筑物豁然出现在眼前。这是2023年下半年才建成并投入使用的"怒吃哑"观景台。观景台仿自然奇观石月亮以及傈僳族妇女头帕"欧冷"为模型而建造，浑圆雄壮、风格独具、气势磅礴，建筑物内部设有民俗陈

石月亮"怒吃哑"观景台 罗金合／摄

列室、商品售卖部、饮食服务部，靠东是宽敞的观景平台，靠西是旅游厕所。

站在观景台，身处流云雾滚之中，云霞缠身，双手可以掬住白云，捧住稍纵即逝的写意山水；在云雾中尽情舞蹈，定能满足你飘飘欲仙的欲望。从北到南可以观赏到绵长邈远的怒江大峡谷座座群峰，感觉千峰万壑就在脚下。由近及远、由清晰到模糊的重叠山峦和坐落在山梁上如漂浮云间的民居在眼前展开。阳光晴好的日子，俯瞰怒江犹如一条银色的巨龙，不见首尾地蜿蜒穿行于大峡谷之间。如果运气极佳，可以观赏到峡谷流云——峡谷有多长，云雾就有多长。峡谷承载着云彩，云彩在峡谷里翻卷，云展云舒的自然奇观让人大饱眼福，胸襟豁然开朗。望东边，是绵延几百里的碧罗雪山山脉。早晨可观雪山日出，傍晚可见晚霞满天。春、夏是一片绿色，秋、冬是重重雪峰。白天，阳光下，当地居民唱着山歌在田间地头劳作，或播种，或薅锄，或收获，一派欢乐祥和的景象；夜晚，在繁星点点的苍穹之下，一个山坡接着一个山坡、一块坝子连着一块坝子、一条河谷挨着一条河谷，灯火通明，一片宁静景致。驱车去到观景台的游客，几乎都舍不得离开此地。因为，只有在这里，才能寻找到人世间的宁静、雅致、温和，心情得到陶冶，灵魂得到洗涤。

观景台建在雄奇的石月亮下面，一座雄峰挡住了远观石月亮的视线，虽然石月亮近在咫尺，但却观看不到神奇的石月亮，令人或多或少感到遗憾。当然，如果体力允许，可以从这里往上攀登，经过茫茫森林和悬崖峭壁。不过，这是探险者的线路，一般观光者难以行走。

雄峰石太阳

亚坪本是福贡县石月亮乡的一个傈僳族村寨，"亚坪"，傈僳语为"岩石丫口"之意。亚坪景区主要包括原始森林、嶙峋怪石、流云瀑布、远征军归国渡口、飞渡怒江溜索等。亚坪周边为山地立体气候，植被随气候不同而呈现各异。亚坪森林植物丰富、瀑布跌宕、草艳花香、鸟兽欢鸣，云雾升腾，缥缈若幻，十步一景，百步一绝，2019年被国家林草局认定为国家森林乡村。自然界就这么神奇：在高黎贡山雄峰之上，有个"亚哈巴"（石月亮），南边就有一个"亚门嚓"（石太阳），形成对应的峡谷奇观。前文所提，当地傈僳族、怒族对石月亮的另一个称谓是"亚腊念"（巨型女性生殖器），对石太阳的别称却是"亚腊达"（巨型男性生殖器），一北一南，一阴一阳，构成怒江大峡谷高山旅游奇景，也正因为如此，亚坪景区名声大振，探秘者、摄影爱好者常常涉足，拍其形象见诸报刊，公之于世。

亚坪景区，通常被当地人称为"18公里"，因从怒江亚坪怒江大桥至中缅边境里程有18千米而得名，一路景色有山谷、民居、溪流、原始森林、瀑布、峻岭、竹海、高山湖、雪山等，让人目不暇接。走在亚坪通道上，森林蔽日，古木参天，野花遍地，鸟鸣不断，奇峰怪石，飞瀑流泉，构成了层次分明的亚坪景色。尤其是在石月亮西南2000多米之外的同样海拔高度的山巅，矗立着一根巨大的大理岩石柱，直径30余米，柱高100余米。根粗尖细的石柱突兀傲立、直插苍穹，俯瞰江流云海、远眺碧罗雪山，壮丽之极。石月亮与石太阳相呼应，阴阳合和而万物生，

亚坪雄峰 张昌康/摄

不得不惊叹大自然的造化神功，给人以无尽的遐想。开辟于清朝时期的亚坪古道，全长约 24 千米，是中缅边民民间往来的重要通道，也是中国远征军归国路线之一。怒江边有远征军归国渡口遗址，是了解怒江边疆贸易、近现代历史的重要窗口。有人徒步登临石月亮时曾留下"皎皎碧罗雪，萧萧贡山秋，明月伴石月，万古照江流"的脍炙人口的五言绝唱。

亚坪风光 罗金合 / 摄

CHAPTER 03

丹霞湿地花红草绿

和煦的山风翻越层峦叠嶂的云岭吹到情人坝，吹开漫山遍野的各种野花。

小石林 熊贵宝 / 摄

情人坝·情人树

去兰坪旅游,位于通甸镇东北部的罗古箐情人坝是必游之地。从通甸镇驱车24千米便可到达风光旖旎、风情浓郁的情人坝景点。情人坝,一个独特别致的名字,总是激发着游人的兴趣。每年端午节,普米族男女老少在这片宽阔的草坝上举行"情人节",因此而得名。草甸东北角,有两棵笔直高挑、根连着根、叶擦着叶的树并排长在一起,交错的枝条犹如两个情人手挽手相互依偎,驻足拥抱,狂热亲吻。它们共同抵御风霜雨雪,互相鼓励成长耸立,于是,被人们形象地称为"情人树"。从此,情人坝已然成为罗古箐乃至老君山风景区里的一颗引人注目的明珠。

去情人坝观光旅游的最佳时节是每年春天和夏天。春夏之交,和煦的山风翻越层峦叠嶂的云岭吹到情人坝,吹开漫山遍野的各种野花。那火一样燃烧的是大树杜鹃,红得让人不敢直视;那成片成片的花是矮树杜鹃,根据海拔线的微妙变化而层次分明,有红的,有白的,有蓝的,有紫的,争奇斗艳,像天上的星星散落在草甸上,光彩夺目,美不胜收。被群山环抱着的绿茵葱葱的草甸中央流淌着一条溪流,就如大自然的血脉,流淌着生命的源泉。树龄约200年的"情人树"是云南冷杉,树干高大,相依而立;裸露在地面的根茎盘根错节,绵绵缠绕;树冠粗壮魁梧、苍幽翠绿,真似厮守终身的一对情人站在草甸上,伫立极目远处,欣赏着享受着情人坝远山一年四季的美妙变幻,人间烟火。

说起情人树,还有一个美丽动人的传说。相传在很久以前,一位无依无靠孤独的普米族小伙子,天天来大山之中的草甸上为

情人树

富人家放牧羊群。白天，小伙子随羊群在坝子里四处转悠，看管羊群。夜晚，小伙子烧燃一堆篝火驱狼吓豹，也为自己取暖。每天晚上，小伙子坐在火旁边吹笛子消遣时光。久而久之，悠扬的笛声穿过草甸和林海，吸引来一位美丽的普米族姑娘。这位姑娘先是悄悄躲在很远的地方静静偷听小伙子吹奏的笛声，后来，姑娘干脆偷来家中的四弦琴在不远处弹琴和着小伙子的笛声，他们吹、弹普米族古歌"吉赛叽""嚓哩"和"搓蹉"舞曲，渐渐地，她和小伙子一起边吹边弹边舞，尽情享受欢乐的时光。但是，他们的快乐犹如昙花一现。没过多久，小姑娘和小伙子的来往激怒了早已盯上姑娘的富家男人。富家男人请来天上的雷公在夜空电闪雷鸣，闪电活活将小伙子和小姑娘劈死。第二年春天，人们发现草甸上、他们曾经唱歌舞蹈的地方长出紧紧依偎在一起的两棵树。经过风吹日晒雨淋，不知道经历了多少岁月，这两棵树已经长成参天大树，守候于草甸之边。有人揣测，普米族在这里唱歌跳舞，在草坝上过"情人节"，也许就是源自这个美丽的传说。

　　春天，花绕着情人坝边沿绽放，情人坝在花的簇拥下泛青。情人坝上最不缺的就是那萋萋青草，这个季节，春光如醉，青草

欢乐的普米人 木林群 / 摄

疯长，好似天然的绿地毯，迎接着来自周围村寨甚至更远的地方的普米族青年男女聚拢于此，开始他们的爱情之旅。每当鲜花开满山野、草坝、河谷的时候，尤其是中华民族传统节日"端午节"这天，普米族男男女女、老老少少带上雄黄酒、菖蒲酒、甜米酒以及苦荞粑粑、糌粑、蜂蜜等酒水和食品聚集在情人坝尽享美酒美食，尽情歌唱，纵情舞蹈。人们手拉手围成圈，在笛子和四弦琴的吹弹下，舞出普米人的欢乐，跳出普米人的幸福。真是草甸有多大，舞动的场面就有多大；草甸有多宽，歌声就有多豪放。远远望去，普米族女子们的白色百褶裙仿佛一朵朵串连的浪花在绿色的海洋里翻滚；而普米族男子黑色的裤子、灰色的羊毡帽仿佛一波接一波的海浪在深蓝色的海洋里翻卷。夜里，年轻人纷纷相约着走进草甸边的树林里谈情说爱；老人们在草坝上喝酒、聊天、唱古歌，好一派清新雅致、人与自然和谐共生的景象。来到情人坝参加普米族"情人节"，也许你会醉倒于普米族醇香的黄酒，也许你会迷倒于普米族奔放的歌舞，也许你更会迷恋上美丽、大方的普米族姑娘。

吉利吉峡谷·情人回音壁

游完情人坝，或参加完普米族情人节活动，很多人却有一种冲动，那就是继续向着罗古箐进发，满足游览神奇丹霞景观和神秘原始森林的欲望。罗古箐是老君山景区的重要组成部分，是横断山脉南北植物区系交流和划分最为复杂、原始生态系统保存完整的地区，也是滇金丝猴种群繁衍生息的天然场所。罗古箐为东西延伸的冰川槽地组成的牧场草地，箐谷两边是松树、杉树、桦树混生地带。山体蜿蜒起伏，层层叠叠的白桦林和枫树呈现出不同颜色的绚丽色彩。

再往深处走，便走进一片丹霞映天的景区了。在普米族世代生息的地方旅游，要事先懂得这些带有民族语言的景点名称的含义。游罗古箐，首先到达的地方是吉利吉峡谷。"吉利吉"在普米语里是悬崖峭壁的意思。吉利吉彩屏为一巨型红岩峰岩，由红色砂岩构成，质地坚硬，峭壁如削，从海拔2800米处隆起，高逾3000米，雄踞箐首，巍峨竦峙，站在峰顶目及几千米外的青青牧场茫茫原野，能看见草地簇簇羊群和村寨袅袅炊烟，令人顿生乡村田园情趣。绝壁之下是七彩溪流迂回百转在丛林间，静静聆听，可闻潺潺流水声；注目凝视，可见溪中游弋的鱼儿。站在峰巅，会让你感觉到自己离苍穹很近、很近，仿佛感受到上苍呼吸的气息，自己也成为神仙而飘飘然，忘记人间一切艰辛和痛苦而周身释然；置身密林，会让你感觉到自己已经成为大自然的一分子，与木树、与岩石、与溪流不分彼此，沉浸于无尽的遐想之中。

再寻摸着往森林里走，便会来到一处高崖前面，这里就是被

金蝉望月 熊贵宝 / 摄

罗古箐丹霞　李春良／摄

人们叫作"情人回音壁"的地方。回音壁位于罗古箐北沟源头，海拔 3000 米，巨厚红砂岩，形成高约百米的绝壁，壁面平整，岩石层纹路波浪状纵向排列。面对崖壁大声呼喊，声音空灵而回荡，沿循箐谷传向远方。霎时，自己仿佛身处邈远的另外一个世界。多少年来，当地少数民族青年男女幽会于罗古箐，每当谁先到达此地，就对准回音壁呼叫另外一个人的名字。不一会儿，那个人就会循音而至。两个恋人在回音壁前唱歌、说话，聆听自己的歌声缥缈、连续、邈远。而回音壁对恋人最大的功能便是：面对崖壁大声起誓，要一生一世只爱对方一个人，绝无二心。回音壁回荡两人的誓言，彩石成为他们的媒妁老妪，森林成了他们的证婚老翁。"情人回音壁"因此得名。

　　绕过回音壁登上平缓的岩坡，这里的海拔更高，山谷更舒缓。豁然间，眼前出现三座红岩峰丘，峰赤胜丹，状如朱衣红颜寿星。传说，人们只要能攀越这地方，与朱衣红颜寿星接触，就会返老还童，因此被人们称为"三叟峰"。从三叟峰再往高处走，便可到达海拔 3300 米的山岭。这里的地貌有别于其他地方，郁郁葱葱的森林里，随处矗立的丹霞地貌奇观和原始森林奇景尽收眼底。有岩石表面被风化成神秘美丽的龟板纹，这地方叫"河图岭"；有深溪幽峡，树木浓密，悬崖峭壁对峙两边，这地方叫"一线天"。

云映丹霞 张金国／摄

秋冬季节到此一游，唯见枫叶泛红、杉叶翠绿、桦叶枯黄，层次分明。远处，山岭层峦叠嶂、远近错落有致。一条林中小径弯弯曲曲、飘飘浮浮延伸，走在这样的林中幽径观赏美景，不得不感慨：人比大自然渺小了许多。

大羊场——怒江唯一湿地公园

普米族，是黄河以北古老的游牧部落氐羌族群后裔，也有蒙古族成吉思汗西征时遗留下的部落一说。分布在怒江州兰坪县的普米族千百年来放牧为生的生产生活习俗已经绵延至今。散落在云岭腹地的一个叫"大羊场"的地名，就是游牧民族文化的代名词，即"大牧场"的意思。大羊场属于罗古箐景区的延伸部分，国家级湿地公园申报成功后，由于它与罗古箐、老君山风景区连成一片，已经成为罗古箐丹霞地貌景观的重要补充。游完丹霞再游湿地，使人耳目一新、豁然开朗。这种旅行岂不快哉？美哉？

大羊场位于罗古箐北 10 千米，海拔 3100 米，面积约 6 平方千米。走进大羊场，就犹如走进茫茫草原一般令人释怀。四周环山的大羊场草甸上水草茵茵，被弯弯曲曲的小溪分割成数块大小不一的草地，清沟流潾，绿草如织，百花盛开。站在山坡上俯瞰，蜿蜒小溪犹如"天书"一般描绘于大地之上，人们惊叹于它的独特，折服于它的离奇。大羊场四周是开满杜鹃花的缓坡地带，像镶满红、蓝、紫、白各色杜鹃花的地毯向着山坡铺展开去，花海姹紫嫣红，令人目不暇接。徜徉在杜鹃花海，令人心旷神怡，飘飘欲仙。除了杜鹃花，龙胆草娇嫩欲滴，芽蓼楚楚动人，马先蒿婀娜多姿，剪股颖妩媚多情，问荆顾盼生辉，仙姝星目传情，羊草含羞带怯……就连那匍地而生、附物而长的苔藓也不甘寂寞，悄悄地绽出一星星花朵，默默地捧出一粒粒果实，展示着自己的风采，奉送着自己的情怀。

不同季节去大羊场，能领略到不同的景象。春天去大羊场，只见坡上树木返青，草甸繁华复苏，春意盎然，山间林木葱茏，让人身处蓬勃明丽的春光之中；夏天去大羊场，只见山野辽阔，气象万千，大地温润，让人感受到大自然沸腾的气息；秋天去大羊场，远山秋色潇潇，秋高气爽，草甸枯黄，让人觉得收获丰盈，幸福满满；冬天去大羊场，寒冬肃杀，白雪皑皑，草甸沉寂，能让人生出在风雪的磨砺中成长，可战胜一切困难之感。

花开湿地公园 王松／摄

现在，普米族情人节举办地在罗古箐情人坝，而最初的举办地却在大羊场。普米族之所以能歌善舞，是因为大地是他们的舞台。大羊场这么大的一个草甸，就是他们尽情歌舞的地方。他们在宽敞的草甸上举行赛马活动，也跳锅庄舞和"搓蹉"舞，演绎普米族祖辈留下来的传统文化。大羊场湿地公园申报成功，尤其是情人节举办地转移到罗古箐情人坝以后，大羊场又回到了过去那种澄净悠然、云蒸霞蔚的自然状态。白云、山丘、森林、草甸默契地拼凑着山水画的颜色，而在蓝天白云之下，成群的牛羊漂移于草甸，牧歌声声环绕于群山环抱之中，大羊场安然得令人肃然起敬、流连忘返。

春洒大羊场 周天益 / 摄

高黎贡山 郭子雄/摄

CHAPTER 04

生态多面高黎贡山

高黎贡山是人类迁徙的走廊，是众多民族栖息的家园，是绚丽多彩民族文化的百花园。

人类迁移的走廊

高黎贡山的"高黎贡"为景颇语，"高黎"是景颇族家族的名称，"贡"是山的意思，"高黎贡"即"高黎家族居住的山"或"高黎家族的山"。根据考古，从新石器时代开始，就有西北的氐羌、东南的百越等原始族群进入了高黎贡山地区。春秋战国时期，由于北方匈奴人的南下侵扰，甘肃、青海高原的氐羌民族再一次南迁，一部分进入了高黎贡山。

高黎贡山北高南低，最高峰为北段贡山县境内的主峰嘎哇嘎普，海拔 5128 米。嘎哇嘎普山势陡峭，山顶终年积雪，雪线以下原始森林密布，山麓上散布有大量冰蚀湖群，壮美异常。独龙

高黎贡蝴蝶 罗金合／摄

独立寒秋 周天益／摄

族和怒族把嘎哇嘎普峰奉为始祖的发祥地，藏族将其列为藏地八大神山之"更念其布"。高黎贡山地区的中国境内分布有汉、傣、傈僳、景颇、怒、独龙、阿昌、回、白、苗、佤、彝、藏、德昂14个世居民族，总人口约170万人。各民族"美人之美，美美与共"，以"大杂居，小聚居，交错杂居"的方式分布在高黎贡山山脉崇山峻岭之间，人与自然和谐共生，民族与民族和睦共处。

　　怒江州的泸水、福贡、贡山3个县（市）是被高黎贡山娇宠的孩子，乖巧地偎依在群山的怀抱里。藏、怒、独龙、傈僳、景颇、白等民族幸福地生活在这里，族别多元，文化绚烂。通往中东的古老的南方丝绸之路经过这里，来自中原的布匹、丝绸、竹杖、瓷器等物品翻越高山，远销印度、波斯。高黎贡山是人类迁徙的走廊，是众多民族栖息的家园，是民族文化绚烂多彩的百花园。

高黎贡山听命湖 郭子雄 / 摄

"世界物种基因库"

高黎贡山不出名，在中国的十大名山中没有它的名字；高黎贡山知名度又很高，位列联合国教科文组织及世界野生动物基金会的名单中，被联合国教科文组织列为"人与生物自然保护区"的中国自然保护区，世界野生动物基金会A级自然保护区。

高黎贡山北连青藏高原、南衔中南半岛，山脉南北绵延600多千米。高黎贡山跨越5个纬度带，加之伊洛瓦底江和怒江的垂直切割，使高黎贡山集中了北半球多种气候类型，成为全球少有

高黎贡山的鸟 张晋康／摄

怒江金丝猴 罗金合/摄

的集热带、亚热带、温带和寒带于一体的完整的生态系统垂直系列。独特的走向，立体的地形，多元的气候，特定的区位，使得高黎贡山成为物种"种属复杂、新老兼备，南北过渡、东西交汇"的走廊；高山峡谷的地质地貌成为人类大规模开发的天堑，使之长期受人类活动影响较小，成为众多物种的庇护所和栖息地。高黎贡山生物多样性全国居首，森林资源极其丰富，珍稀动植物随处可见。600多年树龄的大树杜鹃、与大熊猫和滇金丝猴享有同样声誉的高黎贡白眉长臂猿、羚牛、白尾梢虹雉等多种珍稀动植物齐聚此地。高黎贡山从青藏高原一路向南延伸到中南半岛的山势走向，形成一座远古时代生命的"避难所"和繁衍地的天然"桥

怒江大树杜鹃 罗金合／摄

梁"。同时，高黎贡山的立体气候，使各种生物都能找到适宜种族栖息繁衍的地带。这里受印度洋季风的影响，水汽充沛，为各类植物的生长提供绝好的环境。而且，这里也是地球上迄今唯一保存有大片由湿润热带森林到温带森林过渡的地区，宛然一座天然地球植被类型博物馆。

这里有长蕊木兰、水青树、秃杉、杪椤等 30 种国家重点保护野生植物，60 种云南省重点保护野生植物。森林药材、野生食用菌和森林蔬菜品类丰富，已知有药用价值的植物 1218 种，食用植物约 300（含菌类）种。高黎贡山"植物王国"的美誉实至名归。

完整的生态系统、多元的植被类型、丰富的植物类别孕育了神奇多样的动物种属。高黎贡山记录有动物 2614 种，是我国灵长类动物分布最多的地区，也是两栖动物、爬行动物以及昆虫的重要分布区和庇护所。高黎贡山有国家一级保护动物 47 种、国家二级保护动物 185 种。集中了全国 20% 的哺乳动物，其中 1/3 为特有物种。如"怒江金丝猴""牛羚"等，是最近几年才发现的新物种。高黎贡山真不愧佩戴"动物王国"之桂冠。

高黎贡山也是云南省最大的森林和自然保护区。高黎贡山中段和北段多处以山脊为中缅国界，是中国西南第一道生态安全屏障。高黎贡山连接着世界 34 个生物多样性热点地区中的东喜马拉雅、横断山、印缅地区 3 个地区，是全球生物多样性主要热点地区之一，被誉为"世界物种基因库"。2000 年被联合国教科文组织列为"世界生物圈保护区"，2003 年作为"三江并流"重要组成部分，被列入世界自然遗产名录。

感受高黎贡

"世界物种基因库""自然界博物馆""生物多样性保护圈""世界A级生物保护区""生命的避难所""人类的双面书架"……

姚家坪 张晋康／摄

高黎贡山拥有的美誉太多，说不清、记不全。游客不是研究高黎贡山的学者，关于这些，无须细数、也用不着记忆，欣赏即可。走进高黎贡山，高山峡谷、流云飞瀑、草甸湖泊、珍禽异兽、奇花异木，入眼皆美景，难以用语言描述，只需用眼睛看、用耳朵听、用鼻子呼吸、用肌肤体验、用心灵感受，领略它的神奇秀美。

姚家坪位于高黎贡山东麓，范围包括德窝山、阴山等山峰，这里山高林密、飞瀑流泉，除了丰富多元的植物物种外，也成为各种动物栖息的天堂。分布有云南樱花、原生山茶，有楣木、红豆杉等珍稀树种，有小熊猫、太阳鸟、怒江金丝猴等珍稀动物。高大葱郁的树木，绿浪翻滚的山峦，珍禽齐鸣，贵兽欢叫，飘逸的云，流淌的风，清新的空气……置身其中，感受自然原始野性，忘乎返程。饮马湖、栖马池等名字记载着过去的马帮故事和古道的繁华。穿行林间，轻风摇落的枯叶在脚下发出窸窣的声音，恰似角落里的窃窃私语。阳光穿过枝叶的缝隙、斑驳地洒在地面，风过时碎成若干星星点点。藤蔓紧紧地缠绕在一起，宛若激情澎湃的热恋。欢畅的小河在山间恣意奔流，撞击出无数的水雾和水花，如银铃般的笑声响彻山谷。如果时运够好，也许能邂逅各种飞禽走兽，一睹它们的神秘容颜。作为生物多样性科普示范基地的姚家坪管护站，建有生物多样性宣教厅和野生动物收容救护中心，在这里可以深入了解高黎贡山。盛夏，怒江大峡谷酷暑难耐，气温比谷底低出 10 多摄氏度的姚家坪成为理想的避暑胜地。

位于高黎贡山山脊上的风雪丫口，是泸水市区通往片马的必经之地。海拔三千余米，丫口夏日浓雾紧锁，冬日寒风削面。风雪丫口是怒江中缅印商贸通道的咽喉锁钥，特殊的地形地势使之成为近代历次边疆危机中的兵家必争之地。1911年被英军占领，修筑炮台、设立哨所，妄图切断内地与片马的联系；抗日战争时期，风雪丫口被日军抢占，修筑堡垒据点，直接威胁驼峰航线。今日依然残留着侵略者留下的碉堡、战壕、便道、防空洞等痕迹，诉说着他们的累累罪行。1956年，中国人民解放军边防部队进驻怒江，建立"风雪丫口"哨所。哨所因海拔高、气压低，煮不熟饭菜，只能在20多千米外的营房做好后以肩挑背扛的方式踩着厚厚的积雪徒步送到哨所。一天仅能吃上一次热饭，喝雪水、配咸菜、嚼干粮是哨所官兵的常态。1963年，风雪丫口哨所被国防部授予"钢铁哨所——风雪丫口排"荣誉称号。1964年除夕，周恩来总理亲自给驻守在风雪丫口的战士打电话拜年。时光移转，如今的风雪丫口由边境派出所驻守，边境巡逻、查缉过往车辆、雨雪天气里的道路救援等是他们的日常工作。"迎着丫口风，顶着片马雪，西南边陲铸辉煌，责任重如山……"风雪丫口的精神被世代传唱。站在风雪丫口，往东可观看怒江大峡谷的群峰叠嶂，往西可远眺高黎贡山西麓的秀丽景色。还可以到广场、陈列馆感受一下风云激荡的近代怒江。

神奇秀美的听命湖是上帝滴落在高黎贡山山峰里的一滴眼泪，要想知道这滴眼泪是怎么滴落下来的，就得穿越高黎贡山的林海、草甸一看究竟。泸水市旅游部门把它开发为一个徒步探秘的景点，多少年来吸引着不少探险、登山爱好者和摄影、摄像作者前往探秘。听命湖位于风雪丫口西北侧，像一颗晶莹剔透的蓝宝石镶嵌在高黎贡山之上。据说只要在听命湖边高声呼唤，不久湖的周边就会下起雨或冰雹，因此得名"听命湖"。2005年，中央电视台专门摄制过听命湖的专题片，并向气象专家请教原因。原来听命湖处于印度洋暖流高黎贡山西侧的迎风坡，周遭降水较多、空气湿润，湖面上空弥漫着饱和水分的浓雾，遇到声波振动，就会凝聚成雨和冰雹降落。户外探险驴友与徒步行者对拥有这种"呼风唤雨"的"超能力"乐此不疲。听命湖除了特殊的气候现象，还有着无与伦比的美丽风光。从高空俯瞰，湖面澄碧如镜，苍翠草木与蓝天白云倒映湖中，相映成趣；站在周边远眺，奇峰竞秀，怪石匝地，山间云海翻涌如怒涛，树木葱茏参天如巨剑；走近湖畔，湖水清澈见底，一尘不染。湖区的景色随四季的更迭而变化，令游客心驰神往。

片马风雪丫口 文凤鸣／摄

山路蜿蜒姚家坪 周天益 / 摄

登埂温泉 周彬 / 摄

晶莹剔透的石月亮是长在高黎贡山山峰的一只明亮的眼睛，要想赢得这只眼睛送来的深情"秋波"，就得循着栈道一级一级往上攀登，到达顶端时，你会感觉神就在身边、福就在眼前。

绵延无尽的高黎贡山，内部就像藏着无数尚未启封的宝盒，为探险的旅途增添了许多乐趣与激情，等着充满好奇、期待的人们前来探索。

傈僳族《温泉恋歌》的诞生地：登埂温泉

"一年一季木棉开，过年时节来相见。一年不见妹一面，相见情歌唱不完。""一年一度澡塘会，咱们泉边来相会。四季不见哥一回，相见不唱家不归。"每年春浴期间，傈僳族男女歌手见面对歌都从这几句开始唱起。因为，温泉是傈僳族情人相会、对歌的地方。傈僳族总是把泡温泉和唱情歌联系在一起，这是一种什么样的情趣啊！每年春节、元宵节的几天时间，农民们放下一切农活、城里人抛弃一切烦恼和痛苦，来到温泉池里洗浴，这是一年中最开心、最幸福的时刻。而那些曾经在上一年对过情歌的人们早已期盼已久、心旌荡漾了。有的男子和女子之间唱了情歌"摆时"，就建立起了一种唱情歌的"情侣"关系，每年澡塘会便不约而同地前往温泉边对唱情歌。有一年，多年在一起对歌的歌手在温泉边偶遇，于是双方邀约着对情歌。女歌手唱道："乌鸦传讯你已逝，劳动无力心更忧。昨夜梦你寻祖宗，未曾想到今又见。"女方唱罢，对面的男子眼泪夺眶而出，哽咽半天词难出口。

泸水市的傈僳族也过春节、元宵节，这是 300 多年来，民族大杂居、大融合结出的民族共同体硕果。辛辛苦苦劳作了一年的傈僳族趁着春节农闲时节都要去有温泉的地方泡澡，一泡就是几天几夜。登埂温泉得到合理开发以后，他们泡澡的首选地就在这里，距离州府六库仅 13 千米。

登埂温泉虽然位于泸水市鲁掌镇鲁掌村地盘上，但是早先由于登埂有段土司统治，而温泉地点距离登埂衙门近而远离鲁掌，人们习惯上把这个温泉称为登埂温泉。温泉的泉眼、池塘距离滔滔怒江近在咫尺，几株老木棉树的木棉花刚好盛开的时节就是人们"春浴"的日子，红艳艳、金灿灿的花朵像一堆堆燃烧的火焰映衬着池塘里泡澡人的笑脸。

傈僳族"春浴"是很讲究的。入浴者白天迎着霞光和朝阳泡在含有硫黄的温泉里，要吃白酒荷包蛋、喝药酒、吃漆油鸡，来解除因泡澡而产生的疲劳，也能促进人体舒筋活血、提神健体。在温泉池里，入浴者还念念有词："洗去一年的疲惫和病灾，洗来新年的安康和幸福。让六畜满圈，让五谷丰登。"晚上，他们披星戴月各自寻觅"情人"对情歌，情投意合的要唱个通宵达旦，太阳出山才依依不舍地离去，又到池塘里洗浴泡澡。

澡塘会 罗金合/摄

翡翠之河独龙江 张晋康 / 摄

CHAPTER 05

边陲秘境独龙江

独龙江旅游，仿佛来到了祖国最边远的地方。据说这里离内地十分遥远，身处峡谷便无喧嚣与嘈杂，心得到暂时的安宁。

神秘的独龙江

沿着独龙江公路蜿蜒行进，挺拔的山一层碧绿、一层金黄、一层枫红、一层白雪，构成一幅令人心旷神怡的自然美景。车还在高黎贡山丛林中蜿蜒的道路上行驶，还未到谷底，只要避开苍茫、浓密的原始森林，一眼望去，映入眼帘的是比青山还浓绿的独龙江，再就是奔流在崇山峻岭之间的支流。因为落差大，河流惊涛撞石溅起白白的浪花，像一条白龙游流于大山山间，最后一头扎入独龙江。这一绿一白的江河景象和非密即疏、绿黄相间的树林，只有到独龙江这样神秘的地方方才领略得到。

独龙江发源于西藏自治区灵芝市察隅县舒拉岭南部山峰然莫日附近，西源为嘎达曲，东源为日东曲，二源汇合后独龙语称"克劳龙"，在贡山境内与麻必洛河汇合后因流经独龙族居住地而得名。独龙江从独龙江峡谷北部、西部的担当力卡山脉和南部、东部的高黎贡山山脉之间夹峙着奔涌而流，一路向西，流入缅甸克钦邦境内，与南塔迈河汇合后称为恩梅开江，恩梅开江与迈立开江汇合后称为伊洛瓦底江，最后流入印度洋。

比起怒江、澜沧江，独龙江是在中国版图上流经距离最短的一条江河。传说，怒江、澜沧江、独龙江是三姐妹，独龙江排行老三，因为寻找爱情和幸福离开两位姐姐，流着晶莹剔透的眼泪独自去向西方。而独龙族也说她是天神"嘎木"的眼泪，因此才显得如此清澈和如此神秘。在独龙族心目中，独龙江是他们的母亲河，这种情感源自独龙族的人类起源传说。传说在一场洪水泛滥之后，在荒芜的大地上仅仅存活着一对兄妹。为繁衍后代，兄妹俩打了一竹筒水向天神"嘎木"祈祷说，如果竹筒里的水倒出来后能变成一条奔腾的江水，他们俩就成亲结婚。果不其然，竹筒水在被倒掉的一刹那，就形成九条江，而第一条就是独龙江。

到独龙江旅游，仿佛来到了祖国最边远的地界，感觉这里离内地十分遥远，身处峡谷便无喧嚣与嘈杂，心得到暂时的安宁。如果想到更幽深、更原始的边地感受那种从未有过的邈远，那就顺江而下，到马库去。马库是离独龙江乡政府所在地孔当最远的一个边境村，是独龙江流出国境后恩梅开江的起点。独龙江从龙源、孔当、普卡旺一路狂奔下来，流经马库时，担当力卡山山脉和高黎贡山山脉陡然收缩成一条缝，仿佛夹持着独龙江不忍让她匆匆离去。南北两条山脉高耸逶迤，绵延起伏，而独龙江又不得

独龙江神田 郭子雄／摄

不向前奔去，致使独龙江浪高水急、惊涛拍岸。独龙江的颜面由原来的翡翠色变成雪白色，仿佛离开祖国母亲怀抱的最后一声呐喊，最后一次呼唤，更是离开爱她护她的独龙族人民的最后一次宣泄。独龙江离开了独龙江峡谷，但是她留下了两岸耸立的高山，葱茏的树木，密布的森林，氤氲的鸟声，美丽的景色，为独龙江峡谷马库嶂谷带来另一番神秘的景象，成为感受独龙江神秘的一个必游之地。

独龙江以及各支流清澈透明、色如翡翠，首先得益于独龙族人民对独龙江两岸森林植被的精心保护。独龙江在我国境内流域面积为 1347 平方千米，峡谷幽蔽，两岸原始森林密布。独龙江峡谷处在欧亚大陆板块的结合部，使独龙江峡谷植物种群躲过了

鸽子花 罗金合 / 摄

170 万年以前第四纪冰川的侵袭而保存下来。20 世纪末，中国科学院昆明植物研究所李恒教授，对独龙江进行了为期半年的科学考察，发现许多新的物种，于是，把独龙江峡谷定位为滇西北少有的植物物种"基因库"。独龙江境内最高海拔 4936 米，最低海拔 1000 米，属于亚热带湿润气候，由于受印度洋暖湿气流的影响，平均年降水量在 3200 毫米以上。独龙江峡谷中保存有原始的生态环境，蕴藏着丰富的自然资源，有秃杉、珙桐、硫磺杜鹃、水青树、桫椤等名贵植物。其中，最典型的是形如鸽子的珙桐，被人们称为"鸽子花"，2023 年 11 月，被贡山独龙族怒族自治县人大常委会定为贡山独龙族怒族自治县县花。独龙江更拥有"野生植物天然博物馆"的美名。除了野生植物，动物资源也十分丰富，有亚洲虎、转角羚羊、羚牛、红岩羊、滇金丝猴、小熊猫等。2021 年,国家林草局确定独龙江乡为"国家森林公园"。独龙江是中国最干净、最清澈的一条江，干净得仿佛是一位情窦初开的少女，每年都吸引着无数游客前往独龙江峡谷。游客们站在江边，一睹她的容颜，亲密接触这圣洁的江水，顿感此生无憾。独龙江是绿色的，绿得像一块翡翠。到过那里的人都说她是"翡翠之河""绿色之江"。

　　独龙江在世人心目中最神秘、最野性。除源于独龙江地区离内地很遥远、信息闭塞、交通不便之外，最主要的原因还是居住在这块神奇土地上的人口较少民族——独龙族。中华人民共和国成立以前，独龙族被称为"俅帕""曲人""俅人"，没有自己的族称。中华人民共和国成立后，给了这个被缅甸联邦称为"日旺族"的少数民族一个确切的族称——独龙族。独龙族繁衍生息在独龙江流域，至今人口仅有 6000 人。除了独龙族居住环境十分神秘之外，独龙族"文面女"蜚声省内外，吸引着旅游者、摄影爱好者的好奇探究之心。据说，很早以前，独龙族女孩子一进入青春期，家长便将"蝴蝶""飞虫"等文在姑娘的脸颊上，而这种习俗说法多种多样。有爱美说，有图腾说，有防掳说，比比皆是，从无定论。但对于外界来说，俨然蒙上了一层神秘的面纱，人们纷纷找寻"文面女"拍摄留影。中华人民共和国成立后，这种习俗悄然消失。目前，仅存的独龙"文面女"已经屈指可数。独龙族的"万物有灵"崇拜也是独龙族居住地变成神秘之地的因素之一。一棵树、一块石头、一条河在独龙族的精神世界里都有其灵魂。独龙族的历法也很独特，他们一年分 12 个月，每一个月都有不同的农活要做；独龙族的姓氏、地名、寨名都是一个个神秘的符号。只有走进独龙江，才能解开一个又一个神秘的密码。

月亮的眼泪：哈滂瀑布

独龙族民歌"门租"唱道："高山是男人，深箐是女人。太阳是男人，月亮是女人。"把太阳比作男人，把月亮比作姑娘，在怒江的很多少数民族民歌中常见不辍。而月亮姑娘会流泪的意象，只有深谙天宇和多种崇拜的民族才能够创造出如此富有想象力的诗情画意。

在遥远的独龙江峡谷，有一川从天而降的瀑布，独龙族借用傈僳语称其为"哈滂瀑布"。"哈滂"即"月亮"，翻译过来就

独龙江月亮瀑布 张晋康 / 摄

是"月亮瀑布"。独龙族是擅长创造多姿多彩神话故事的民族之一。据说他们从天神"嘎木"那里获得启示，为月亮瀑布赋予了一个美丽传奇的传说。在久远的古时候，天上的月亮姑娘爱上了太阳哥哥，但是，太阳哥哥身边已经有了许多星星"姑娘"围着它转。势单力薄的月亮姑娘抢不过这些"姑娘"，便离开了太阳哥哥，流下伤心的眼泪。因此，有的人又将月亮瀑布称为"月亮的眼泪"。

月亮瀑布从海拔 3100 米处陡然泻下至 1400 米，在跌落的

独龙江大拐弯 张晋康 / 摄

过程中，撞击山石发出孤高旷远的声音，使附近的悬崖、树木肃穆几分，使森林里的飞禽走兽颤颤而栗。每当皓月当空，尤其是十五月圆之夜，圆圆的月亮悬在瀑布之上与瀑布浑然一体，恰似瀑布从月亮中流出，仿佛眼泪洒向人间。皎洁的月光洒在瀑布之上泛着银白色的光泽，在万籁俱静中，瀑布水声淙淙，啸声萦耳，不可断绝，给人一种强烈的视觉震撼和心灵震撼，仿佛讲述着一个古老而美丽的神话。更为奇特的是，瀑布下方就是波涛汹涌的独龙江。垂直飞泻的瀑布，与平流向前的江水所构成的画面是大

飞流直下 刘珊 / 摄

自然塑造的奇迹，也是给人间绘制的美丽。瀑布飞流有声，在流淌寂静的江水面前，仿佛是一个嗷嗷待哺的婴儿急于奔向乳汁丰盈的母亲。

多少摄影爱好者和文人墨客惊叹于哈滂瀑布一往无前的倔强和独龙江缠缠绵绵的温柔，一幅幅照片见诸画报和展板，一首首诗歌发表在报纸杂志，其中最有名的一首诗是这样描述哈滂瀑布的："神龙见首不见尾，千曲百回始出山。突兀一峰临空立，月在江心水在天。"

哈滂瀑布是独龙江神秘游的一大景点，到独龙江旅游，一定要一睹她的秀气和神奇。

铓锣声响普卡旺

普卡旺村，以流经村庄的普卡旺河命名，如果说独龙江是"人间秘境"的话，那坐落在距离独龙江乡政府 10 千米的独龙江和普卡旺河交汇处的普卡旺村便是这秘境里的一块净土。如今，普卡旺已然成为独龙江探秘之旅不可错过的村落民宿旅游点。普卡旺面积不大，可就是有"独龙江神秘游，不到普卡旺算不上到独龙江"的重要地位。在"独龙江整乡推进、独龙族整族帮扶"扶贫机制的实施过程中，政府投入大量资金，让普卡旺当地独龙族群众在自家的宅基地上建盖传统民居，部分作为接待游客的民宿。渐渐地，普卡旺成为独龙江旅游的打卡地。在被外地游客惊呼为"落在大地上的'翡翠项链'"的普卡旺河上修建的独龙藤篾桥，

普卡旺三河 张晋康 / 摄

可供游客体验"风雨桥"的摇动，可观赏从山涧流淌而来的翠绿的普卡旺河，仿佛看到连河流中的鹅卵石都在流动的景象。站在桥上，河风拂面，尽情呼吸大自然馈赠的清新空气。游人也可以径直走到河边，赤足伸进河里感受来自幽静山谷的清凉。倘若运气尚佳，河里的鱼儿还会游来触吻人的脚底，来一次人与自然的亲密接触，让人惬意地享受与大自然的亲密。

普卡旺的夜晚可以说是宁静又热闹的，海棠树、樱桃树、玉兰花树等观赏林木包围着的广场燃起一堆篝火，身着独龙族盛装的男女老少手拉手在"咚咚咚"的铓锣声中跳起独龙族铓锣舞，"阿哟啦哟哟，阿哟啦哟哟"的歌声和"雄朗雄朗"的叫声划破夜空，使静谧的河谷更加寂寥，邈远，幽深。置身于远隔城市喧嚣的朴素世界和世外桃源，令人情操得以陶冶，灵魂得到洗礼。

独龙族锉锣舞 郭子雄 / 摄

普卡旺风雨桥 刘珊 / 摄

人们还可以一边跳舞一边畅饮独龙族水酒，"讷昂"（干杯）声此起彼伏，尽情体验独龙人朴素、热情的待客之道。

在跳舞的人群中，还有个别年迈的文面老妪，佝着身躯舞动着快乐和幸福，让人感受这个民族渐行渐远的文化，思考从昨天到今天的历史变迁。过去，独龙族妇女有文面的习俗，有为抵御掳奴说，有美化说，有图腾崇拜说，凡此种种都已成为历史，健在的文面女已经屈指可数，独龙族女孩的美已经完全不依赖于文面这种古老而原始的习俗，而是跟着时代的步伐追求心灵美、环境美、劳动致富美。

像普卡旺这样的独龙族新农村，在迪政当、巴坡、马库、龙元也不少。独龙族从茅草屋里搬出来，住进政府为他们建盖的水泥房，改变了居住条件，被称为"一跃千年"。散落在独龙江峡谷台地上的新农村，红房林立，红旗飘扬，像一簇簇熊熊燃烧的火焰，点缀在翠绿色的山水之间，给静静的河谷平添一抹朝气。红的村庄，绿的山林，碧的江水，蓝的天空，构成一幅幅人间仙境般的画面。

滇维路 / 罗金合 / 摄

CHAPTER 06

惊险酣畅自驾怒江

怒江大峡谷山美水美，若是匆匆走过必然错失若干美景，自驾游一路走
走停停才能饱览沿途景色。

G219——此生必驾

曾几何时，川藏线 318 国道被贴上"此生必驾"的标签；近年来，219 国道日渐成为自驾游的新宠，又有了"G219，此生必驾"的说法。219 国道北起新疆喀纳斯，南止广西东兴，穿过新疆、西藏、云南、广西 4 省，是民族特色最浓郁、世界上平均海拔最高的公路。这条翻越名山大川，穿越雪山、草原、荒漠、峡谷、雨林，联结沿途 40 多个民族的西部边境公路，是户外运动爱好者、自驾游客们的胜地。深处 G219 中部的怒江段，出滇进藏，亦被称为"怒江美丽公路"。怒江美丽公路起于州府所在地泸水市，止于贡山独龙族怒族自治县丙中洛镇滇藏交界处，全长 288.3 千米。

被称为"美丽公路"原因有二：一是公路沿线的绿化、美化、服务设施、观景台建设得十分到位，比如在全国为数不多被评为 4A 级景区的小沙坝服务区；二是大峡谷风光秀丽，景色宜人，沿途皆是风景。江流滚滚，怪石嶙峋，冬春时节水色澄碧，水势平缓，夏秋水涨则怒水滔滔，来势汹涌；怒江沿岸，层峦叠嶂，群山高耸，飞瀑流泉就山势而下，气势非凡；崖壁上田地让人叹为观止。

怒江大峡谷山美水美，若是匆匆走过必然错失若干美景，自驾游一路走走停停方能饱览沿途景色。自驾于美丽公路，感受"巨峰叠嶂云霄外"的雄伟壮阔与"草绿裙腰山染黛"的清新动人，方知自然造物之奇伟；远观半山的村落还能意外探触"哀猿啼处有柴扉"的隐逸，慨叹民族血脉中"千磨万击还坚劲"的坚韧。

美丽公路小沙坝服务区 罗金合 / 摄

漫步彩虹路

在怒江有一条纵贯大峡谷南北的七彩步道，从泸水市的上江六库至贡山县的丙中洛，全长 300 多千米。步道沿着怒江与美丽公路并行。从高处俯瞰，宛若一条鲜艳夺目的丝带，轻盈地缠绕在怒江两岸，时而遮掩于漂浮半空的云霭之下，时而流转于满布人间烟火的村落之间，飘忽灵动，灿若彩霞。步道的轻柔依傍与怒江的奔腾怒吼形成鲜明对比，却始终相傍相依，一静一动煞是有趣。踏着七彩步道，沿着大峡谷走上一段，感受着江风，欣赏着风景，是件无比惬意的事情。沿着步道骑行也是不错的选择，美丽的风景，300多千米的距离，沿途散布有村镇、县城，服务区里补给一应俱全，简直是骑行者的天堂。竞风逐水，速度与激情并存，大可无所顾虑地勇往直前。徒步或骑行在七彩步道上，不仅能近距离聆听惊涛怒吼，仰观群山巍峨，欣赏沿途奇景，感受险途惊心，还能体验沿途居住着的傈僳族、怒族、独龙族、白族勒墨人、彝族、藏族等二十多个民族的浓郁民族文化。看勇士"上刀山、下火海"，赏民歌艺人唱"摆时"跳"刮克"，吃极富特色的手抓饭，抚触鳞次栉比的传统建筑，体验怒江多彩的风土人情。踏着彩虹前行，如梦幻般绚烂。

怒江第一险滩——老虎跳

泸水市称杆乡境内，有一处逼仄的江面，到底有多逼仄呢？据说老虎只需两次起跳就可以从西岸跳到东岸。在了解具体情况之前，先来听一则有关老虎跳的故事。相传很久以前，在高黎贡山山脚住着以打猎捕鱼为生的父女俩，而与之隔江相望的碧罗雪山上则住着一位被魔法诅咒幻化成老虎的王子。王子与女孩在长期的相处中彼此心生爱慕。王子虽然被变成了老虎，但始终对女孩念念不忘。因滚滚怒江的阻隔，他不能与心爱的人相会，为此他特别苦恼。思来想去，他决定即使牺牲性命也要跨过怒江与女孩见上一面。老虎沿着江岸走了三天三夜，终于找到了一处狭窄

老虎跳 罗金合/摄

的江面。非常神奇的是在如此狭窄的江面上，江的中央居然有一块大石头将汹涌澎湃的江水一分为二，简直宛若天助。老虎不假思索地往江心的大石头一跃而下，结果稳稳当当地落在上面。老虎从江中的石头上再次起跳，一跃跳到对岸，终与心爱的姑娘相会。天神被他们真挚热烈的爱情所感动，最终解除了老虎身上的魔法，使他恢复人形。王子后来与女孩结婚生子。据说他们就是傈僳族虎氏族的祖先。除了这个故事外，结合周边的地名来看老虎跳就更有趣。在傈僳语中"老虎跳"被称为"腊玛登"；距离老虎跳以北15千米有个村寨名叫"腊门嘎"，意思是"堵老虎"；离"腊门嘎"以南4千米还有个地方叫"腊门里"，意思是"老虎逃脱了"。如果把"腊门嘎""腊玛登""腊玛里"三个地名连起来就成了"堵老虎""老虎跳""老虎逃脱了"。

老虎跳，两岸仅相隔 10 米，江中心有一块 2 米见方的巨石横卧，翻滚咆哮的怒江水流至此处便被一分为二，化作两股激流滚滚南去。江中心的这块巨石被当地傈僳族叫作"虎跳石"。老虎跳因江面狭窄，水急滩高，地势险峻而被誉为"怒江第一险滩"。因河道狭且上下游存在较大落差，怒江流经此处猛烈撞击着巨石，声若雷霆万钧。老虎跳的激流险滩成为世界皮划艇爱好者们挑战自我的"野水天堂"。耳听为虚，眼见为实，到怒江一定要到现场亲自去感受一下。

记忆之城——知子罗

到了福贡段，要留意别错过上知子罗的路口。沿途有很多指示牌，稍加留心即可，再不放心可以开导航。沿路盘山而上，每抬升一次视野就开阔一次。对面高黎贡山的山峰越来越多，北边的怒江峡谷看得越来越远，重峦叠嶂的群山开始次第出现。路过老姆登，再往上行 5 千米便是记忆之城知子罗。知子罗被称为"废城"，也被叫作"记忆之城"。

位于怒江东岸碧罗雪山山腰上的知子罗，从清末开始就是怒江地区的行政中心，是沟通澜沧江地区和怒江地区的重要通道。知子罗曾是怒江傈僳族自治州政府所在地，也是原碧江县县城所在地，曾是怒江的政治、经济、文化中心。后因知子罗无法满足一个州的发展需要，加之有专家预测此地会出现大面积塌方滑坡，州府于 1973 年搬迁至泸水六库。知子罗因州府的搬迁和碧江县

知子罗 张晋康 / 摄

的撤销，一下子从州府、县城降格为村，迁撤后的很多年知子罗因缺少人口而变得寂寞，也不再有大的规划建设，成为一座空城。

知子罗完整保留着二十世纪五六十年代的建筑风格，一幢幢办公楼仍旧整齐有致地屹立着，一个个指示牌在讲述着这些大楼曾经的功用。傲然独立的八角楼，入口处的两面大墙上红色的"提高警惕，保卫祖国"等毛主席语录仍然清晰而醒目，阁楼周围的石碑上铭刻着的《为人民服务》《纪念白求恩》《愚公移山》等毛主席的文章仍然清晰可辨，这是当时怒江最大的图书馆，现已更名为民族博物馆。知子罗的建筑风格、宣传标语依然停留在二十世纪五十至七十年代，仿佛时间一直停留在过去，为此也被称为"记忆之城"。强烈的时代痕迹，让越来越多的游客慕名前来，人流的汇聚让曾经一度落寞的知子罗恢复了些许生机，重新变得热闹起来。

怒江第一湾

从唐古拉山出发，奔腾不息的怒江一路穿越高耸的雪山，路过翠绿的森林，流经曲折陡峭的深谷，一心去追寻她心中那浩瀚的大海。当她流至云南贡山县丙中洛镇日当村附近时，追寻大海的梦却在此遭遇了一场围堵。

地处扎那桶的王箐大悬岩如铜墙铁壁挡住了南行的怒江脚步，心有不甘的怒江冲波逆折，改为由东向西流，但流出300余米后，又被丹拉大山挡住了去路，只好再次调头由西向东急转，终于摆脱了悬岩大山的围追堵截。一路高歌猛进的怒江在此处变得平缓柔软，留下了一个巨大的"U"型湾，当地人把这里叫作"铁峡"，也就是后来人们所熟知的"怒江第一湾"。

峡湾的中心台地平缓开阔，高出怒江 500 米，构成一个三面环水的半岛，岛上阡陌纵横，十几户人家错落而居，炊烟不断。

欣赏怒江第一湾的最佳视角莫过于从高空俯瞰，而自驾沿途有三处观景台可览其全貌，贡当神山养鸡场所处位置最高，也是观赏视角最全的一处。从此往下，巨大的 U 型湾与被它环绕的半岛尽收眼底，宛若一条盘踞的巨龙守护着它的宝藏，浩瀚震撼。万物复苏的春季，碧空如洗，粉嫩的桃花、金黄的油菜花在岛上

丙中洛扎那桶湾 罗金合／摄

恣意绽放，怒江第一湾绿若翡翠；热情奔放的夏季，绿树成荫，云雾升腾，江中浊浪翻涌；秋季，满目金黄与希望，是梦的天堂；而到了冬季，群山银装素裹，小岛在峡湾的怀中显得宁静安详。

四时美景各异的"怒江第一湾"将波澜壮阔与侠骨柔情汇于一身，是游客、摄影师、画家的钟情之所，是不可错过的必游之处。

悬崖峭壁石门关

沿途一路北上，会经过一个叫作石门关的地方，当地人称之为"纳依强"，意为神仙也难通过的关口。两侧山峰比肩而立，双峰夹峙，宛若天门，怒江水从门中一穿而过。

石门关面北的左侧，有两个形极似伞的石坠，看上去极为险峻。抬头仰观，危峰兀立，状若华盖的绝世棕榈树傲然挺立于悬崖绝壁之中，蔚为壮观。据说，石门关过去常有巨蟒出现，最长的约有 10 米左右。为镇压被当地先民称为"龙"的巨蟒，在这岩壁之上刻有五幅藏文经文，而此处也会经常出现"佛光普照"的奇观，送来无限的祝福。

关于石门关，有许多动人的传说，其中有一个传说是这样的。漂亮的怒江、澜沧江、金沙江三姊妹从小便仰慕远在天边的大海，她们相约一起出门寻找大海，谁第一个找到大海，谁就做他的妻子。她们向着太阳出来的地方走去，但走着走着，金沙江、澜沧江和怒江就走散了。怒江一路追赶，追到西藏察隅时感到已经追不上金沙江和澜沧江两姊妹，便放慢了脚步。怒江走到秋那桶村时，深爱怒江的卡娃卡布雪山山神挡住了她南去的路，他向怒江表白自己的心意并希望怒江能留下来做他的妻子。但早已对大海倾心的怒江拒绝了卡娃卡布雪山山神，希望山神能让路放行让她去追寻自己的爱情。卡娃卡布雪山山神为成全怒江，便撕开胸膛，让怒江从他的心脏穿越过去，形成了现在的石门雄关。

另外还盛传着一个龙太子抢亲的传说。传说，粗犷豪放的高黎小伙和温柔多情的碧罗姑娘是一对恩爱的情侣，但青海湖里的龙太子看上了年轻漂亮的碧罗姑娘，便抢走了她。高黎小伙为爱勇闯青海龙宫，带着碧罗姑娘远走高飞。他们逃到距离青海湖十分遥远的秋那桶时，以为摆脱了龙太子的纠缠，便停了下来。正当他俩高兴地相拥时，怒气冲冲追上来的龙太子一把将他们冲散。从此，高黎小伙和碧罗姑娘这对有情人虽近在咫尺，却只能眼巴巴地隔江相望。而龙太子，至今还在他们中间狂怒不已。人们说，屹立石门关西面绝壁的是高黎小伙，东面的是碧罗姑娘，而常年流淌在石门关下的怒江就是龙王太子。

无论是卡娃卡布雪山为爱阻挡怒江去路，还是龙太子化作怒江拆散高黎小伙和碧罗姑娘，爱是这些传说中永恒不变的主题。穿行于这险峻的隘口，看这危崖耸立，对大自然的敬畏之情油然而生的同时，也不由为这崖壁之中世代居守的人们的浪漫情怀而肃然起敬。

石门关秀色 武发菊／摄

怒江茶马古道

穿过石门关，继续北行，对岸怒江边的悬崖峭壁之上，一段在巨岩中挖凿而出的极具视觉冲击力的茶马古道映入眼帘。遥望对岸，茶马古道像是被利剑刺穿胸膛而留下的一道印记。这是对岸雾里自然村连接外界的重要通道，是当年马帮从丙中洛到西藏察瓦龙的必经之路，也是如今唯一一条"活着的茶马古道"。

前往对岸的茶马古道，须经过横跨怒江的铁索桥。若是在碧空如洗的秋冬季节，站在铁索桥的中央，绿若翡翠的怒江自下淌过，自是荡涤心魂，美妙不已。而在过去，谷底咆哮的怒江去势凶猛，无法横渡，人们要去到对岸，只能依靠溜索与简陋的木桥，稍有不慎，便可能失足坠江。沿着山缘在崖壁中直接掏空而成的这段茶马古道是最艰险的，没有进行路面硬化的古道曲折迂回，宽1米，最窄处不到40厘米，高仅2米，陡峭的悬崖与澎湃的怒江两相对峙，在没有护栏的古道上行走要打起十二分精神。

正是在这条古道上，来自普洱、西双版纳的茶叶通过云县、凤庆到大理，再由大理经兰坪至福贡、贡山，沿峡谷溯江而上，进入西藏林芝市察瓦龙乡政府所在地扎那，不通公路的怒江依靠这条古驿道经由马帮完成物资的运输与交换。一队队马帮在古道上繁忙穿行，马锅头洪亮的叫喊声在谷底回荡，马匹、皮毛、麝香、藏红花、贝母、虫草以及茶叶、糖、布、粮食等物品在赶马人的奔波中往返各地。古道上，不时有前来探寻茶马古道神秘文化之旅的游客驻足，他们抚摸着这嶙峋峭壁，感叹着这路途险峻，行至绝壁处还要为连夜赶路的赶马人捏把汗。

怒江茶马古道 木林群 / 摄

如今，怒江全境均已通公路，丙中洛至察瓦龙的公路也已修通，古道的历史使命已告终结。但与世隔绝的雾里仍需要这条古道，道上的马锅头们仍旧赶着马匹为人们运送物资，解决村民们"最后一千米"的问题。在这条"活着的茶马古道"上，悠扬的赶马山歌总能把人们带回那个久远而沧桑的时代。

山野隐士——雾里

进入雾里，有两个入口，一个在雾里村的南侧，一个在雾里村的北面。无论是南侧还是北面，都需要越过横跨怒江的大桥，但至今汽车仍无法进入，人们只能依靠摩托车、马匹或步行。在北侧的入口处，溜索、腐朽的木桥、第三代桥与新修建的宽大钢索桥和美丽公路段的现代桥梁齐头并举，见证着雾里村人进出道路的变迁。

雾里是阿怒语"翁里"的音译，在阿怒语中是指山谷里一个像鸟窝的地方。它斜坐在碧罗雪山脚下，周围森林如被，村内石板房依山势错落而建，屋舍旁阡陌纵横，成片的青稞、玉米地一字铺开，俨然一幅田园山水画。村内通行的小道全由山石铺砌，四周绿荫如盖；林中小溪缓慢流过，清澈见底；屋舍内，鸡豚狗彘，各安其时；黄发垂髫，怡然自乐。

久处深山峡谷的雾里被旅行家、摄影家发现后，名气以极快的速度攀升，摄影家们拍下的珍贵照片成了时尚旅游杂志及图书的封面照片。越来越多的人慕名而来，2011年央视四套"边疆行"

摄制组所拍摄的照片更使雾里成了全中国旅游者向往的地方。然而自给自足的雾里就像是安贫乐道的山野隐士，不为外界的喧嚣所惊扰。它安静地注视着远处的梅里雪山，伴着微风吹动的经幡，与林间翠鸣的清流，在山野里打造属于自己的世外桃源。

雪瑞雾里 王松/摄

雾里 郭子雄 / 摄

CHAPTER 07

人间仙境丙中洛

正当"青山缭绕疑无路"之时，瞬间开阔的视野让人眼前一亮。

丙中洛 郭子雄／摄

自然风物

由南向北，穿行在怒江大峡谷中，江水怒吼、群山对峙，鲜有平坦开阔的地方。从贡山县城继续向北，正当"青山缭绕疑无路"之时，瞬间开阔的视野让人眼前一亮，人间仙境丙中洛忽地就出现在眼前，那种震撼无比强烈。

在进入丙中洛之前的观景台驻足观望，雪山下的村落宁静而祥和，错落有致的民居在半斜的山腰上渐次铺开，炊烟自屋顶缓缓升起，不少早已散尽残叶的老树仍伸展着臂弯拥抱着各自的屋舍，徐徐流动的怒江水轻柔地将整个村镇紧紧包裹在怀中。清晨，翻腾的云雾自怒江水面徐徐升起，慢慢弥散，裹着座座村落和片片农田，把寨子的棱角滋润得光滑和圆润。冬日初升的朝阳透洒在这一片白霭之上，暖意盎然，云雾中若隐若现的屋舍若深藏深闺的女子，隐面含羞。这是冬季的丙中洛，朦胧而圣洁。

秋季的丙中洛身着金黄外衣，升腾的云霭，蔚蓝的天空，此时的丙中洛像极了网上流行的"多巴胺穿搭"，处处透露着活力。若是十月中旬来到这里，你一定要去东风—秋科当的稻田走一走。北面巍峨的石门关与南面高耸的贡当神山像是伸出了一双大手，将坐落在半山台地上的稻田捧在手心小心呵护。开阔的视野，金黄的稻浪，远处的群山还有纵横交错的小道合奏出一首明快的交响乐。走在田间地头，稻田里的稻花鱼时不时在水中游摆发出咕嘟咕嘟的声音，还能看见不少养鱼人光着脚丫，撸起袖子在田里捉着稻花鱼，等着有缘人来将它们带走。充满希望的田野，被满目金黄包裹的喜悦已然无法言喻。

美丽乡村孜当怒族村 王松 / 摄

雪润楚干湖 周彬 / 摄

丙中洛楚干湖 周彬 / 摄

丙中洛桃花岛　罗金合/摄

　　丙中洛并不独属于秋冬。早春与仲夏,这里同样散发着迷人的气息。嫩芽破土,万物回春,鲜花遍开,春意盎然。绽放在田埂枝头上的桃花迎风吐艳,铺撒在地头的油菜花蜂拥蝶簇,木楞房上的炊烟缓缓升起。早春的丙中洛像是诗人笔下的隐士,遁迹江湖,超脱尘俗。夏季,澄澈的怒江水由清化浊,雨后的空气中混杂着泥土的清香。四起的蝉鸣声、滚滚的夏雷声与咆哮如雷的江水声在此地奏响了一曲将军列阵曲,自带威严,充满斗志与热情。景色四时不同,却始终是人间仙境。

多元和谐

丙中洛的人间仙境不只在于景，更在于人，在于人际的多元和谐。初到丙中洛，人们赞叹它的自然之美，亦惊叹它的多元和谐。

东邻迪庆德钦县，南连捧当乡，西接独龙江乡，北邻西藏林芝察隅县的丙中洛，居住着从不同的地方迁徙而来的多个民族。汉族、怒族、独龙族、藏族、傈僳族、白族、纳西族等十几个不

从丙中洛楚干湖远眺梅里雪山 周彬/摄

111

同的民族纷纷在此定居，像兄弟姊妹一样团结在这个大家庭里。在丙中洛，你可以在藏族小馆里品尝醇香的酥油茶，到怒族大妈家中求一碗精心熬制的"咕嘟"酒，与傈僳族姑娘小伙一起举杯高喊"一腊秀"；也能在怒族村落中听国家级非遗传承人拉起弦子跳起"卓欠姆"舞蹈，在多民族通婚家庭中看身着氆氇的藏族青年和头披方巾的怒族少女围着火塘跳锅庄，在江边小店里听浙江温州女孩与丙中洛小伙动人的爱情故事。无论是在生活中，情感上，还是在地域空间上，生活在此处的各民族间都已形成了"相互离不开"的紧密关系。

怒族猪槽船 郭海然／摄

双拉春色　王松／摄

　　这里民族间团结和睦的人文环境历史渊源深厚。在各民族的创世传说中共同讲述着各民族一母同胞的故事。民间传留着各民族不分彼此、团结友爱共同进步的事例。就连地名、饮食中也隐藏着团结共荣的秘密。如"丙中洛"三个字，"丙中"是藏语，"洛"是傈僳语，藏语和傈僳语相互组合而成了"丙中洛"的名字。傈僳族、怒族也喝酥油茶，将其称之为"喇架"，"架"就是藏语茶的意思。生活于此的各民族几乎都知晓或掌握了其他民族语言，能在不同的语言环境中自由切换汉语、怒语、藏语、独龙语、傈僳语等不同语言。各民族本有的节日也在民族间的交往交流交融中逐渐成为彼此共享的节日。比如怒族的仙女节是怒族民间习俗与藏传佛教相融合的产物，但如今，怒族的仙女节已变为各民族共度的欢乐盛会。

　　跨族通婚是民族间交往交流交融的最高形式，多民族婚姻家庭成为一种新趋势。丙中洛大多数村寨中多数家庭由两个以上民族组成，且家庭成员的不同信仰得到彼此尊重。甲生村的丁大妈一家近二十口人，有藏、怒、白、傈僳、纳西、壮共6个民族，汉语、藏语、怒语、傈僳语等语言在他们的家庭中交错使用，尽管各自的生活习惯与信仰不尽相同，但彼此尊重、理解、包容，相处融洽。族际通婚将不同信仰、不同生活习惯的民族聚于同一个家庭中，并通过血缘的纽带加以联结，将民族身份所带来的边界感消融。伴随而来的不仅是彼此间语言互通，服饰、饮食、建筑方面的互相借鉴，宗教信仰上的互相包容，节庆文化上的互相交融，更多的是彼此间的民族尊重、文化认同。

怒族一家人 怒江州文化和旅游局 / 供图

CHAPTER 08

美丽乡村新兴山寨

既然有缘来到这个人神共居的秘境，既然停下了匆忙的脚步，那就暂忘时光流逝，行到水穷处，坐看云起时。

三河 张晋康 / 摄

"中华百家姓"云南第一村——三河村

在怒江州府泸水西部有一个跟河流有关的村寨，它就是在怒江州乃至云南省闻名遐迩的三河村。它之所以有这样的名气，得益于得天独厚的自然、便利的交通和独特的人文条件。从自然而言，它处于高黎贡山支脉的崇山峻岭之中，是生物多样性保护核心区腹地；说它交通便利，从六库出发，穿过分岔路口的"百鸟谷"大门，便进入三河村地界，里程不过 20 千米，曾被誉为州府六库的"后花园"；说它文化独特，是因为在这片人口不多的村寨居住着汉、傈僳、怒等民族，是泸水市汉族姓氏最多的村，也是保留有汉族"客家"文化最原始古朴的村。

森林中的三河村 张晋康 / 摄

三河村隶属怒江州泸水市鲁掌镇，东、南毗邻登埂村，西邻片马镇和缅甸联邦，北接浪坝寨村，是泸水市边境小康村之一。三河村犹如大家闺秀隐藏于高黎贡山东麓的德窝山、阴山、沙木河山、长尾巴山、路塘沟头山包围的古炭河、滴水河、湾转河河谷地区，境内山势陡峭、群山逶迤，河谷幽深、溪水潺潺，"三河村"因此得名。由于三河村森林覆盖率高，具有天然氧吧等得天独厚的条件，2020 年被国家林草局认定为国家森林乡村。

要说三河村什么名声在外，首先就数滴水河瀑布。从滴水河村民小组西行不到 3 千米急剧起伏的山势、天壤悬隔的高低落差成就了飞流直下的阴阳瀑布。因一条在阴坡，一条在阳坡而被叫作阴阳瀑布。瀑布的形成是大自然的造化，想要观赏大自然这一杰作，必须依托脚力才能实现。前往阴阳瀑布要靠步行，沿观景步道往上，穿过大片的草果林，跨过层层叠叠的溪流，1 小时左右便能到达"阴瀑"。"阴瀑"落差达 255 米，从极高处飞泻而下，肆意冲撞，半洒云天。飞瀑与巨石的撞击声如长龙咆哮，响彻山谷。至观景台处便汇聚成潭，潭水清澈见底，触之则沁人心脾。与之相距不到 200 米的"阳瀑"如奋不顾身扑向战场的壮士，势不可挡。两条瀑布并肩从悬崖直扑谷底，飞珠溅玉，在悬崖峭壁丛中间相向而行，最终阴阳交汇，形成滴水河。仿若一对缠绵的恋人，彼此相依，永远守候，也因此享有"万年情侣瀑"的美誉。

前往阴阳瀑布的路上便见到葱茏的森林下大片草果，火红的草果串躲藏在草果的根部，贪婪地吮吸着大地给予的养分，而三河这片土地倾其所有培育这一富民产业。三河村是怒江州最早引进草果种植的村。如今，一串串红彤彤的草果就像人们的笑脸，

三河村远景 张晋康 / 摄

幸福而充满希望。在三河村百鸟谷草果庄园里，草果已不再是单一的调料，而是被做成了"草果全席"：凉拌草果芽、草果叶荞麦饼、草果酱烧鱼、草果炒鳝鱼、草果芽煎蛋、草果粉蒸肉、草果叶汁烤乳猪、草果花心酒、草果酱……一道道或以草果为主，或以草果为辅的饕餮大餐会满足来客的味蕾，令人唇齿留香，回味无穷。

三河村，不可错过的还有"一只鸟"。鸟塘是爱鸟者与摄影爱好者的天堂。在向导的带领下前往散布在大山深处的鸟塘观鸟，随意择上一处摄影机位，耐心等待翩跹飞来的"不速之客"。以竹筒引来的水源缓缓细细地流动着，流向小鸟的澡池，滴落在鸟儿落脚的藤条。如果运气极佳，可近距离欣赏落在藤条上的黄莺，惬意地享受着这清爽的阳光浴，时不时用嘴理理身上的羽毛，发出悦耳动听的啼鸣。"自在娇莺恰恰啼"说的便是这样的场景吧！鸟塘的维护者们摸清了鸟儿们的习性，为鸟儿们精心设计了"淋浴"与"盆浴"场所，引来无数鸟类驻足。体态华美、毛羽鲜艳的太阳鸟，白色眉纹极为醒目的剑嘴鹛，色彩浓艳的山椒鸟便是这里的常客。它们在竹制的澡盆中婉啭鸣啼，精心梳洗打扮，似要为这静谧的村庄增加一抹艳色。

高山河谷立体气候为野生动植物的生长繁衍提供了得天独厚的自然条件。珍贵的国家级保护植物、名贵花卉和药材在村中郁郁生长，200多种鸟类、100多种兽类，还有数不尽的昆虫、爬行动物在此栖息。三河村依托于如此天然的条件走出了一条"三棵树""三棵草""一只鸟"的发展之路。

环境优美、资源丰富的三河村自然也吸引着人们来此定居，这里居住着汉、傈僳、怒、彝、景颇、白等民族，是一个多民族杂居的村寨。让人惊讶的是，在多以少数民族为主要聚居人群的怒江村寨中居然有一个村子居住着为数众多的汉族人口，在这个仅有 1300 多人的村子里竟有着 50 多种姓氏。

自明末清初以来，或因躲避战乱，或因经商营生，或因经营边疆，各族、各姓从不同省份，不同地区涌入三河村。古炭河是三河村最北的村落，也是现有资料显示三河村最早有人定居的村落。《泸水志》记载："泸水到古炭河四十里，古炭河到片马六十里。"古炭河是古西南丝绸之路来的马帮、商贾从泸水去片马、入缅甸的必经驿站，也是唯一有人烟的驿站。明末清初，就有川滇黔湘桂等省的汉族商人从古炭河翻越高黎贡山到缅甸经商，古炭河渐渐留下了一些南来北往的商人。正因如此，20 世纪 30 年代，古炭河老街子建起了"五省庙"。抗战时期，部分入缅作战归国的远征军及国民党预备二师的少数士兵也曾驻扎此宝地。从内地迁徙而来以及抗战中留在三河村的汉族"客家"人延续着"国有史、郡县有志、家有谱"的传统，记录着他们的来处，续写着他们的未来。"文明普开通""耀祖与光宗""文绍开大道""德才显光华""金榜正朝廷""世代永荣昌"，三河村各姓氏字派以诗意的笔墨在时代更迭中传述着各个家族尚文重德、报效国家及期盼金榜题名、光宗耀祖、世代昌盛的文化理念、家国情怀及理想期盼。中华文明传承千年的姓氏字派、家谱文化在三河村代代承袭。可以说，在怒江甚至在云南省，一个小小的行政村里拥有如此之多的姓氏实属罕见，三河村俨然成为"中华百家姓"云南第一村。当然，其中也有傈僳族、怒族、景颇族、白族姓氏的加入。就傈僳族而言，虽以汉族的取名方式取名，但本民族姓氏中仍带有明显的氏族图腾烙印，其中"熊""密""胡""褚""欧""姬"等姓与"老熊""蜜蜂""老虎""老鼠""猫头鹰""鸡"等动物图腾崇拜有关，"李""乔""蔡""祝"等姓与"李子""荞子""蔬菜""竹"等植物图腾崇拜有关，"传"姓则与"船、筏"等交通工具图腾崇拜相关。各少数民族在与"客家"人的交往中逐渐改变了"只有名没有姓"的情况，他们根据本民族各氏族独有的特征为自己题名冠姓，丰富着中华民族的姓氏。

去三河村体验农村生活、观光生态农业，姚家坪是一个必到之地。正如其名，在古炭河的上游两山之间有一块平地，昔日是"兵家必争之地"，抗日的国民党军队驻扎在这里抗击过日本侵略军；中华人民共和国成立后，人民解放军边防部队在这里安营扎寨、守卫边疆。今天，这里被开发为旅游观光地，建有高黎贡山生物多样性保护展览馆、丛林小道和空中走廊，种植了大量的高山花卉，尤其是每到夏季，成片的鸢尾花成为美丽的风景线。步入原始森林，这一天然的氧吧让人久久不舍离去。

云端上的怒苏村寨——老姆登

川流不息的车辆，小若鸽笼的钢筋混凝土住房，喧嚣嘈杂的都市，匆忙急促的城市生活，禁锢着人们的自在悠闲天性。于是城市里的人们便在偶得的闲余到处寻觅隐世避俗的幽处，倘若寻得一处佳境，心中便似有广阔天地，任尔遨游。老姆登，这个坐

老姆登特色旅游村 张晋康 / 摄

落在碧罗雪山西侧海拔 1800 米山腰上，被誉为"中国最美村寨"的怒族村，便是逃离城市体验清幽的理想所在。

"老姆登"为怒语，意为"人们向往的地方"，位于怒江州福贡县匹河怒族乡，成村于清朝前期，沿山间缓坡而建，是全国首批"少数民族特色村寨"之一。东邻兰坪，南邻知子罗，西邻棉谷，北邻沙瓦。从 219 国道与老姆登岔口往山顶行车 13 千米，穿过层层叠叠云雾便可到达这个云端上的村庄。老姆登主要聚居的是怒族支系怒苏人，当然，随着时代的变迁和民族的融合，也有极少部分汉、傈僳、白、藏等民族。坐落在森林中的老姆登，2020 年被国家林草局认定为国家森林乡村。

沿怒江美丽公路北上，一路美景胜境无数。行至福贡县匹河怒族乡布莱寨子，一定要放慢车速注意观察，千万别错过竖有"老姆登"高大招牌的路口，这里便是游客漫步云端的起点。可驾车前往，也可到换乘中心搭车上山。通往老姆登的路沿碧罗雪山陡峭的山体盘旋蜿蜒而上，标准二级公路的设置除了双向两车道外左右各留有人行道，路很好走，但车不能开快，前方随时会出现急弯、陡坡，最主要的是开快了将错失沿途映入眼帘的美景。盘旋而上，汹涌澎湃的怒江之水拍打两岸山崖若雷霆万钧的声音已消失于耳，让人期待不已的是即将身临其境的仙境。越往上行视野越开阔，看到的风景有别于谷底，一个转弯、一次上升，步步为景却又各有不同，初时江面翻滚、悬崖耸立；稍后怒江如练，远山如黛；再上怒江如曲通幽，群峰重峦叠嶂。站在老姆登第一

站月亮田极目远眺，怒江在高黎贡山与碧罗雪山之间穿行，怒江大峡谷仿佛变成了庄子笔下的鲲鹏，怒江两岸的高山仿若鲲鹏之翼，似垂天之云，意决起而飞，势不可挡。看着眼前的壮丽景色，踏在脚下的月亮田似乎成了穿云之剑，与鲲鹏齐飞。一股豪迈之情油然而生，"腰间一壶酒，仗剑走天涯"的侠客形象瞬间在脑海中升起。翘首往西北方向望，皇冠山傲然挺立，恐怕也只有大气磅礴、气候多元、物种多样的高黎贡山配享这样的殊誉。形似皇冠的"劈米尔山峰"在众山中别具一格，想不看它都难。越看越觉得它庄重威严，越看越觉得"皇冠"的冠名惟妙惟肖。它高

老姆登和皇冠山远景 张晋康／摄

傲地睥睨着怒江大峡谷，远眺着对岸的碧罗雪山，如皇如王般镇守着一方。

作为山地民族的怒苏人傍山而居，山既是栖息之所亦是衣食之源，山在怒苏人心目中具有崇高地位。中华人民共和国成立以前，半狩猎半农耕的怒苏人对赖以生存的山林崇敬有加。在老姆登背后有座巍峨的高山，因酷似羊角被当地人称为羊角山。怒苏人将羊角山视为神山，认为正是由于羊角山挡住了碧罗雪山东侧刮来的狂风，才有老姆登的祥和与安宁。怒苏人禁止任何人到羊角山乱砍滥伐、禁止到羊角山放牧，甚至不允许人们到山上翻动石头。怒苏人将村里的大树尊为树神加以保护，禁止砍伐；怒苏人爱竹，喜欢在房前屋后栽种几丛竹子。怒苏人背山而居，从林而住，傍竹而生，用最朴实的方式保护着老姆登的一草一木，守护着周边的绿水青山。

老姆登的怒族民居依山而建，沿坡而上，以石板为瓦、竹篾为墙的怒苏传统房舍错落有致，干净狭窄的小巷幽深而绵长。大多数人家依然保留着沿袭了千百年的火塘。火塘是取暖之所、照明之器、炊饮之具，亦是怒族文化的传承绵延之地。创世传说、家族历史、民间故事、生产知识、生活经验、歌舞音乐在无数个夜里的火塘旁传讲、演唱。

在老姆登村的中部有一汪水面开阔的龙潭，水为高山积雪及雨季降水所汇，终年不枯。行走潭畔，微风拂面，蓝天白云、青山绿树倒映其间，别是一番景致。据闻，怒苏人祖先先前并不居住在老姆登，在一次打猎追赶猎物中来到此地，看见湖光潋滟，周边山林草树茂密、飞禽走兽叫声不绝，是个适宜居住的地方，遂随手播下箭包中的水稻种子，许愿若来年稻谷长成、不受鸟兽践踏，便来此定居。第二年秋天打猎至此，果然稻穗低垂、颗粒饱满，便三五邀约到此定居，终至村舍俨然。

　　雨后清晨，老姆登笼罩在云雾之中，如梦如幻。静坐云端，看云海苍茫，浩瀚无涯，似海水升腾，如飞瀑倾泻，又若莲台璀璨，时而汹涌澎湃，时而平静如水。远山迎来客，接于瑶台上，

老姆登村庄倒影　刘珊／摄

老姆登此刻便是人间仙境，醉人心魂。沿小路往上行，触目所及皆是高山茶园。适宜的温度与光照、充沛的降水、深厚疏松的土壤，优质的生长环境使老姆登茶品质上乘，颇具名气。坐在茶园旁，沏上一壶新摘的老姆登茶，静坐慢品，外形毫峰显露，叶底嫩黄匀齐，茶汤通透明亮，口感醇厚润滑，清雅馥郁。

日落黄昏，炊烟袅袅。劳作了一天的人们晚饭后卸下疲惫，伴随着星星月亮的升起而燃起篝火，弹起达比亚、唱起古老的歌谣、跳起欢乐的舞蹈，开启丰富多彩的夜生活。

隐世田园——秋那桶

"那一条大江怒涛涌，那一方峡谷耸奇峰。那一个山村像只桶呀，那一桶秋意比酒浓……"在歌唱家优美的歌声里，被《国家地理》杂志评为中国最美的村落之一、被评为"中国最美村镇"、被列入第四批中国传统村落名录的秋那桶，被酿成了一桶芬芳四溢的杵酒，等待着远方的客人前来品尝。

秋那桶，位于怒江州贡山县丙中洛镇北部，是怒江州最北端的村子，素有"怒江北大门"之称；秋那桶是沿怒江前往西藏过程中云南境内的最后一个村庄，再往北走14千米就到滇藏界，是"丙察察滇藏线"的必经之地，是进藏前的最后一个休憩点。"秋那桶"为怒语发音，汉文译为"依山傍水的地方"。"秋那桶"按汉文字面意思可理解为"那一桶秋天"，是极其富有诗意的名字。而这里的景色确实美得名副其实，2017年成功申报为传统

秋那桶村 罗金合 / 摄

春酒怒寨 周天益 / 摄

村落，2020 年被国家林草局认定为国家森林乡村，2021 年被评为中国最美村寨。

秋那桶的一边是碧罗雪山，一边是卡哇卡布雪山，山坡下是滔滔怒江。很多人通过图片、视频观赏过秋那桶的美景，但要亲近她必须经历一段惊心动魄的旅程。穿梭在崇山峻岭之间的逼仄公路，不时可见让人后怕的塌方、落石痕迹。通往秋那桶的公路离开怒江沿岸后，顺着秋那桶河谷向高山深处延伸，两岸绝壁耸立，飞瀑云集争喧，瀑顶深潭群聚。

穿越群山，抬升至山腰处，眼前豁然开朗：蓦然多出一块台地，郁郁葱葱的莽林将整片台地包裹其间。村庄依山谷而建，道路蜿蜒而上，沿秋那桶村的上端走去，雪山就在眼前。三三两两依山势而建的房屋零星地散落在台地上，麦地像一块块绿色毯子紧凑地围绕在房舍周围；稀稀散散的大小树木如同卫兵看守在房前屋后。麦地、古树、木屋，色彩斑驳。房舍依山而建，错落有致。鸡犬鸣吠、牛羊哞咩，不时随风入耳。远山巍峨，小村宁静，一派祥和气象。

秋那桶的景色四时各异，却始终保持如画般的美丽。春季，高山戴雪，田野新绿，桃花盛放；夏季，远山苍翠，青稞墨绿，云雾缭绕；秋季，山青水绿，天蓝云白，青稞金黄；冬季，霜雪素裹，裸树挺立，轻烟游弋。在此可"采菊东篱下，悠然见南山"，这不正是古时的文人墨客、现居都市牢笼者梦寐以求的隐世田园吗？

怒族人特有的石板房自然古朴，与周遭的环境浑然一体。秋那桶寒冷多雨、空气湿度大，勤劳、智慧的怒族人民因地制宜，

丙中洛秋那桶村 罗金合／摄

就地取材建造房屋，用厚实的木材堆砌成干栏式木楞房，屋顶盖之以石片。石片采自当地特有的一种风化岩石，质地细密、自然分层，易开采。通透的下层利于防潮，厚实的墙体抵御着严寒，密集的榫卯插口增强了防震，具有极好的防潮保暖防震功能。在过去，房屋的下层多用于圈养牲畜家禽或存放柴火、农具，上层住人；现在人畜分离。如今石板房已成为怒族传统建筑的代表。

石板下、火塘上的空间存放着谷物，房檐下悬挂着琵琶肉。房门或面向东方，或面向沟渠，或面向开阔之地，寓意着兴旺发达、吉祥如意。稍加留意，就会发现怒族人的房门矮小：他们不怕进门碰到头吗？怒族民间有种说法：人看到房门矮小就会弯腰躬身进入，但邪魔鬼怪不懂得这个道理，它们直挺挺地走进去，撞到头便会自动离开。把房门建得矮小的目的是防止鬼怪进入。

现在随着科学知识的传播，人们已不再相信这种说法，但历经长期沉淀形成的特有民间文化依然传承着。

蓝天白云下、青山绿水旁，木色的房子、淡灰色的屋顶，古朴、自然中略带几分神秘，圣洁、宁静中似幻若梦。说不清是石板房点缀了秋那桶的景，还是秋那桶的景装饰了石板房。

背依连绵起伏的群山，俯瞰浩浩荡荡的怒江，秋那桶静默在岁月里。在过去，只有山间响起马帮的驼铃，远远听到马锅头的呼号的时候，才会掀起一阵阵短暂的喧嚣。历史久远的滇藏茶马古道经过这里，每逢秋天总有马驮上拴满氆氇、青稞、药材、酥

怒族民居 王松 / 摄

油、茶叶、盐巴、布匹等百货的成群马队翻山越江经此往返。南来北往的马帮到此打尖或住店，卸下长途奔波的疲惫，做出入滇藏前的歇息、休整。马帮的到来让宁静的秋那桶顿时变得热闹，善良的人们抬出自酿的"咕嘟酒"招待，提供柴火、草料，夜晚燃起篝火一起唱歌跳舞，交流着信息、交换着物资。

茶马古道始于汉兴于唐抑或更早，已遥不可知。古道的历史使命终结于20世纪80年代，公路修通后飞驰的现代交通工具取代了驮铃叮当的古老马帮。马帮虽已落幕，情谊仍在延续，直至今天秋那桶人去到察瓦龙总能得到热情接待。宽敞平整的水泥路早已进村入户，但在村庄附近仍有古道的遗迹遗址可供寻觅：狭窄的山路，被无数商贾践踏得无比光滑的铺路石，或深或浅的马蹄印，民宿客栈中陈列的赶马器具，无不在讲述着茶马古道的风风雨雨。过去艰难的马帮旅程，诸如怒江吞没人马、大雪掩埋马队等惊心动魄的危难故事仍然是民宿客栈里茶余饭后的谈资。

茶马古道既是连接滇藏的重要商贸通道，亦是民族交往、文化交融的桥梁。秋那桶的居民以怒族为主，也有少量汉、藏、傈僳、独龙、纳西、彝等民族至此定居。在这样一个恍若隔世的优美胜境中，人们日出而作、日落而息、和睦相处，生息繁衍了千百年。长期以来，秋那桶"养在深闺人未识"，直到近年随着怒江频频出彩而"一举成名天下知"。伴随着怒江美丽公路的建成通车，无数的游客慕名来到秋那桶，感受这个远离喧哗的世外桃源。

停下匆忙的脚步，在宽敞、卫生、整洁、舒适且富有怒族文化特色的民宿、客栈中小住几日，彻底放松身心，与热情好客的怒族人民同吃同住，品一品咕嘟酒，尝一尝咕嘟饭、石板粑粑、

半山花雨书屋 王梅英 / 摄

琵琶肉，喝一碗地道的农家鸡汤，跳一场欢快的怒族舞蹈。看看村中散养的鸡、悠闲的猪，与下地的农人聊聊年景收成，在火塘旁听老人讲述那些过往的生活、斑驳的故事，时光仿佛倒流到那个宁静的农耕时代。

　　村庄里有一座公益书屋，名字叫"半山花雨"，和村名一样充满诗意。藏书4万余册，从少儿绘本到文学典籍，从科学技术到农业种植，应有尽有。书屋的缘起有个动人的故事。建立者甘文勇年少时因家庭贫苦，把上学机会让给哥哥，迟至14岁才有机会进入渴望已久的学校读书。初中毕业又面临辍学的风险，在好心人的帮助下才得以完成学业。自上大学时，甘文勇就立志要在村里建一座书屋，让村里的孩子有书看，让秋那桶的乡亲们通

怒族木楞房 王梅英 / 摄

过学习知识来改变命运。他四处奔走、几经筹措，得到各行各界的大力支持，终于建成了"半山花雨"书屋。到书屋里看一看一本本来之不易的书籍，听一听甘文勇与书屋的一桩桩感人故事，让心灵得到人间真情与大爱的洗涤。

置身秋那桶，时尚与传统交融，现代与过去贯通，仿佛时空在这里出现了叠加。既然有缘来到这个人神共居的秘境，既然停下了匆忙的脚步，那就暂忘时光流逝，行到水穷处，坐看云起时。

CHAPTER 09

吃在怒江直击味蕾

傈僳族在历史长河中总结出了不少"吃"的方法

怒江美食 木林群 / 摄

傈僳族民间特色簸箕饭（手抓饭）

俗话说：民以食为天。"吃"对于每一个民族而言毫无疑问是极其重要的生命延续的行为动词。傈僳族在历史长河中总结出了不少"吃"的方法，把食物盛在簸箕里徒手抓食是傈僳族自古流传下来的饮食方式之一。说它是返璞归真也好，说它是纯粹生态也罢，现如今俨然成为招待宾客的特色餐饮礼仪，乃至本民族饮食文化的重要组成部分。傈僳族办红白事时，对那些未能到现场的亲戚邻里要赠送"咱排"，即"小簸箕饭"。别看只是小小的一簸箕饭，它盛着这个民族源源不断的传统饮食文化和邻里之间的团结与和睦，以及原始古朴的礼尚往来。

见过的都知道，技艺之人精编细织的簸箕是圆的，有大有小，

手抓饭 罗金合／摄

特大的傈僳族称"那夸"，用以晾晒谷物黍粒，而小的盛食物之用。家里来了客人，吃"簸箕饭"，是傈僳族的待客之道和最高礼仪，表示热情、尊重，延续源远流长的饮食习俗；老朋友相聚，吃"簸箕饭"，表示相逢、团圆，以后常来常往；过节吃"簸箕饭"，表示一家人其乐融融、健健康康，求得五谷丰登、六畜兴旺。制作"簸箕饭"其实也很简单，非傈僳族、怒族也可以完成烹饪操作。蒸或煮熟的米饭置于簸箕中央，在米饭上面摆放煮熟的坨坨肉和下饭佐料辣椒舂核桃仁，大家席地而坐食之。而吃饭时的座位是十分讲究的：主人坐在堂屋大门的正对方，表示满腔热忱迎接客人的到来；客人背对大门而坐，表示感谢主人的盛情款待；其他家庭成员坐在门的两边，表示热烈欢迎。吃"簸箕饭"还有一个寓意，就是大家围坐在一起吃，表示平起平坐。人们边吃边聊，边聊边喝，谈笑甚欢，不拘客套，欢乐的气氛洋溢在傈僳族木楼里，幸福的滋味充斥在温暖的火塘边。

饮食服务行业经营者们把山村傈僳族招待贵客的餐饮礼仪整套地搬到城市旅游接待市场的舞台，并开发出系列餐饮产品，给城市餐饮业增添了一道亮丽的饮食文化风景线。在州府六库、大练地两个街道城区、在福贡县城所在地上帕镇，经营傈僳族"簸箕饭"招徕外地游客的饭店比比皆是，这些特色饭店犹如一朵朵清新又芳香的鲜花开放在城南城北、江东江西，有的在江畔，有的在幽谷，有的在泉边，有的在瀑旁。更为让人欣慰的是，有的饭店还夺得过省级、国家级民族特色美食竞赛奖牌。一个圆圆的精致的簸箕里盛满红米饭和白米饭、烤猪肉、烤鸡肉、烤鱼肉、绿色时蔬，还有米酒汤圆和各类凉菜包围簸箕而摆放，视觉上，

傈僳族手抓饭和同心酒 罗金合／摄

摆放在桌子上的盛宴其实就是一幅精美的图案；味觉上，无不冲击着每一位游客的味蕾。食用时，左手抓饭在手心捏成小饭团，右手再抓自己喜欢的荤素菜肴，这种大快朵颐的感觉和无拘无束的气氛，只有在吃"簸箕饭"时拥有。在开吃之前，食客们都喜欢拍下这峡谷美食，留下美好的舌尖记忆。人们还可以边吃边欣赏民族歌舞表演。手里捧着酒盅，口中咀嚼美味，眼睛看着表演，耳畔回响民间乐曲，好一幅乡间饮食美图。假如在宽敞的竹楼里，还可以跳上一曲傈僳族民间舞蹈。漂亮的傈僳姑娘会端着竹筒酒杯唱着敬酒歌，邀请嘉宾共同喝下"同心酒"，温暖柔软的脸贴在嘉宾的脸颊上，让人顿时心跳不已。

白族民间特色八大碗

分布在泸水的白族先民源自南诏国和大理国，或为了躲避战乱，或为了找寻富足的生息之地，迁徙到泸水境内海拔 2000 多米的高山河谷之间，与当地汉族杂居在一起。几百年来，在同一块土地上繁衍生息的汉族和白族，情同手足、谊如姐妹，生产上互帮互学，生活中互助互利，齐头并进，在绵长的历史长河中，绽放出"你中有我、我中有你"的绚丽的民族团结和睦之花。

白族人民勤劳能干，白族妇女贤惠善良，他们一生精心经营自己的家园。无论是早年的生产队时期，还是今天的家庭承包经营时代，白族村寨到处是瓜豆满园、蔬菜成垄，猪鸡满舍、牛羊肥硕，房前屋后果木葱茏、硕果累累，呈现出一幅富足、殷实的

白族八大碗 张金鹗 / 摄

生活图景。

　　居住在泸水市境内的白族，是最早吸收汉族文化的少数民族之一，既接纳中华民族的传统节日春节、元宵节、端午节、中元节、中秋节等节庆文化，也创造出本民族的节日文化，如"二月会""拜日旺"、火把节、"祖架旺""祖化卫""妈妈会""祖积然"等民间传统节日。无论是节日里家庭成员聚会，还是招待远道而来的贵客嘉宾，餐桌上免不了摆上五花八门、让人眼花缭乱和让人垂涎三尺的美味佳肴。细细数来，用八只瓷碗盛着的家常菜，俗称"八大碗"。现磨的豆腐，用洁白的豆浆煮沸，已经凝固了的豆腐块沉浸在色如牛奶的豆浆汤里，色泽清明、亮丽，口感滑嫩、清香；醇香的腊肉是闻名遐迩的"老窝火腿"切片而成，晶莹剔透，肥而不腻；香肠和豆腐肠做成的拼盘，在碗里冒尖，馋煞食客、口咽流津；现宰的土鸡肉，用腊肉油炖制而成，清香的味道溢满全屋；现炸的酥肉呈现出金黄的颜色，刺激着人的味蕾；刚采摘的瓜豆新鲜、味甘……只要你进入白族村寨或风味饭店，点上一桌白族"八大碗"就算是一顿饕餮盛宴。一边吃一边聊，会增进人与人之间的情感。吃饭时，还可以听听白族大三弦弹唱和白族山歌。

彝族民间"杀猪饭"

泸水市境内的彝族主要分布在鲁掌镇，18世纪中叶先后从今大理永平、巍山一带迁徙而来。两个多世纪以来，彝族与汉族、傈僳族共同繁衍生息在同一片土地上，各民族之间的交往交流交融使得不同民族的文化逐步趋同。彝族的语言、服饰以及生活习俗或多或少都有其他民族文化的影子。在文化上，彝族和傈僳族、汉族相互学习、相互借鉴，不分彼此。比如，彝族人精通傈僳语，傈僳族精通彝族语，这是这片土地孕育出来民族之间共生共融的文化奇葩。然而，时代再发展，彝族社会里仍然传承着本民族民间文化的本来面目，仍然保留着自己独特的文化魅力。

每年冬腊月间，杀肥猪过春节是各民族的传统习俗。彝族家庭一般在头一年秋天收获季节就开始饲养两头以上的过年猪，有的甚至在两年前就开始专门饲养，大的可达600斤，号称"三年肥猪"，小的也不低于300斤。进入冬天，忙完农事，家家户户开始杀"过年猪",这个时候也是亲戚邻里和朋友相聚的季节。远嫁的姑娘回家了,城里工作的儿女回来了。而团结、相帮、互助是怒江各民族生产生活中的优良传统,也是泸水彝族村民的生产生活本色。杀猪这天,天刚蒙蒙亮时,勤快的彝族家庭妇女早已在厨房里将烫猪的开水烧沸,热气弥漫于整个伙房;而一些妇女在磨房里磨着豆腐或在大锅里点豆腐。男子在院坝里将菜刀、匕首、砍刀磨得锋利、铮亮。太阳还没有照到寨子,相帮的男人、女人便来到主人家里,准备着杀猪、腌肉、灌肠用的用具、器皿,一派繁忙的生活景象。

杀猪这天的午饭一般吃得很简单,有凉粉、有苞谷稀饭,摆在桌子上,各取所需,尽情享用。吃完午饭,男人们忙着腌制腊肉、火腿,女人们忙着灌血米肠、豆腐肠、香肠。忙完这些,便

杀年猪做美食 杨学东 / 摄

开始烧烤。相帮的人，三五成群围坐在火盆旁，尽情大快朵颐，同时，在院坝里玩牌的、聊天的、逗乐的人的笑声不绝于耳。真正的"杀猪饭"是晚饭这顿。彝族人大坨吃肉、大碗喝酒的习俗在鲁掌镇彝族村寨表现得淋漓尽致。主人毫不吝啬地把猪脊肉、脖子肉砍成近乎七八岁小孩拳头大小，炖熟而食，称"坨坨肉"，再怎么能吃的人也不过两三坨即饱肚；把解剖猪时产生的那些边角废料合着猪胸腔血烩制成一道美味，称炒"血排骨"。"坨坨肉"和"血排骨"就是彝族"杀猪饭"的主打菜。因此，泸水彝

杀猪饭土八碗 李春良 / 摄

族人说："味之美者，'坨坨肉'和'猪血排骨'"。假如主人没有做出这两种菜品，便表明对前来相帮的邻里们的不热情，自己也感觉薄了面子。酒是彝家自酿的玉米酒、苦荞酒、高粱酒，度数不高，醇香可口。相帮的人吃饱喝足后就在院子里手拉手跳彝族民间舞蹈"阿史寨"，乘着酒劲未消，跳个尽兴、痛快。

传统接待宴席"草果宴"

高黎贡山山脉东麓树木葱茏、密林蔽日，潮湿肥沃的广袤土地便是草果种植的好地方。怒江州委、州政府为推进当地人民群众脱贫致富，打造"四个百万"产业，其中草果产业是绿色产业链上的重要一环，千方百计解决老百姓的"钱袋子"，顺利实现"两不愁三保障"脱贫攻坚目标。有的乡镇打出"金果银果不如草果""草果山就是金山银山"的宣传标语；有的乡镇每年都举行"草果节"，用拍卖、竞标的方式推销当地生草果。2020年起，怒江州人民政府在泸水市六库举办"草果文化周"活动，引进企业开发草果系列产品，其中就有草果白酒、草果啤酒、草果香精、草果编织品以及地方特色餐饮"草果宴"。

草果是姜科豆蔻植物草果的果实。适度的海拔、适合的土壤，造就了草果独特的香味，它既是一种香料，又是一种中药材。因此，草果是大地赐予怒江各族人民的佳品，被各族群众称为"脱贫果""致富果"。在发展草果产业的过程中，走"政府引导，市场主导，企业参与"的路子。聪明、智慧的怒江人利用天然的

草果节上的乡亲们 武发菊 / 摄

草果香味，开发出"草果宴"来作为具有地方特色的传统接待宴席。"草果宴"中，草果香米饭、草果花和草果笋菜肴是必不可少的主食。在青青的草果叶子上盛满香喷喷的美味佳肴，犹如在草果林中食用一般，别有一番风味。人们喝着草果白酒和草果啤酒，聆听着草果种植、销售、加工、生产的佳话和轶事，在品尝美食的过程中了解草果的前世今生，既饱了口福，又饱了耳福。

直击味蕾的傈僳族漆油鸡

自古以来，傈僳族聚居区有一种高大的乔木叫漆树，其果实（籽）压榨出来的油被称为漆油。漆油是大自然赐给傈僳族日常生活中必不可少的食用油料，有漆油开发经营者美其名曰"碧乃精"。这种命名，

漆油鸡 杨海鹏 / 摄

漆油鸡待客宴 罗金合 / 摄

不得不让人觉得稀奇和美妙,促使人们来一回舌尖上的美味接触。这种油料是所有植物油中的上等油,属于不饱和脂肪酸,人食用后能够舒筋活血、强身健体以及改善血液循环、增强免疫力。在家畜养殖落后,无法获得动物脂肪的年代,傈僳族以此为主要脂肪摄取物,拯救了无数生命,创造了无数神话传说。

用漆油煮的鸡是傈僳族招待客人的上等食品。鸡主要采用当地土鸡,或剁成块或剁成碎肉,倒入热油锅里翻炒片刻,等去除腥味后放入冷水炖熟。混杂着漆油的芳香和鸡肉的香味,人们大快朵颐,尽享民族风味。分娩后的妇女,身体十分虚弱,如何尽快地补充气血、恢复体力?傈僳族想到了漆油煮鸡、漆油炒鸡肉末、漆油煮荷包蛋。如今,漆油鸡已经成为人们招待贵客的一道美食。来自四面八方的游客到特色饭店,均可以点食这种民族特色餐饮。

有温度的民族饮食——怒江"峡啦"

提起"峡啦",怒江人无人不知,无人不晓,到过怒江的游客对"峡啦"也是耳熟能详。这是个热辣辣的字眼,能让人感受到用这种饮品接待贵宾的温度和热情。"峡啦"是贡山怒族支系阿怒语,即"酒肉"的意思。可以说,它是居住在怒江大峡谷怒族人的珍馐,是用酒烹制出来的美味。后来,逐步被其他民族采用,变成怒江各族人民共有的一道上佳饮品。提起"峡啦",那些曾经喝过的同心酒、交杯酒,那些曾经相谈甚欢的场景,汇杂

峡啦 罗金合 / 摄

着怒江各民族热情好客的那份情谊，定会让人记忆犹新。

"酒肉"自然有酒有肉，酒是自酿的玉米酒，肉是自养的小土鸡。鸡肉剁成肉丁、肉末均可，用漆油或用酥油在热锅里翻炒熟透，散发出香味时，倒入50度左右的玉米酒煮沸即可饮用。品尝时，酒香和肉香交织在一起，鲜美可口，香辣适中，独具地方特色。"峡啦"有健骨舒筋、滋养身体的奇特功效，是傈僳、怒、独龙等民族招待客人的最佳饮品。喝过"峡啦"的人，自然明白喝"峡啦"少不了喝"同心酒"；而没有喝过的人，对喝"同心酒"既陌生又期待，那种与异性脸颊贴着脸颊、嘴唇挨着嘴唇的感觉如一缕温暖的春风吹进心里。"峡啦"是热热的，主人招

独龙族同心酒 王松／摄

待客人的心是暖暖的，不喝"同心酒"就等于没感受到主人家的
热情。于是，女主人邀请男宾客、男主人邀请女贵宾首先喝一碗
"交杯酒"，表示从此愿意结为亲密朋友，常来常往；紧接着，
搂肩搭脖共同喝下一碗"同心酒"，表示大家要同心同德，友谊
长存；最后，两位傈僳族姑娘邀请客人共同喝下一碗"三江并流"
酒，表示主人和客人团结友爱、和睦相处。难怪有人说，雪山上
的融雪会寒冷无比，喝下怒江的"峡啦"便会周身燥热。"峡啦"
是怒江特色饮食的一张热辣辣的名片。朋友相聚以"峡啦"为媒，
招待贵宾以"峡啦"为尊。"峡啦"的醇香和各族人民的那份情
结会让你终生难以忘怀。

CHAPTER 10

物阜民安丰饶怒江

只要来到怒江，便可以品尝到不同类型的
山珍野味和地方特色肉食，满足味蕾，触动心弦。

草果丰收 罗金合 / 摄

怒江草果

　　怒江州境内虽以山脉雄伟、峡谷绵长、河流湍急著称，但森林覆盖率却达78.9%，是少有的绿色宝库，具有污染少、土质好、空气优等特点，生态环境状况指数等级居云南省前列。这些优势为打造草果产业奠定了基础。因此，短短十余年，草果产业成为居住在怒江大峡谷老百姓的致富产业。

　　草果，姜科，豆蔻属多年生草本植物，4～6月开花，9～12月结果。一般所说的草果即指其果实。一株小小的草本植物，从茎、笋、叶、花、果都是宝，有着多重价值。草果首先是一种调味香料，特殊浓郁的辛辣香味，能祛除食物中的腥气，让人增进食欲，因而被人们称为"五香"之一。草果对保护胃肠功

拣草果 罗金合／摄

能、抗菌、抗炎、抗氧化、降糖等都有不同程度的作用。而其药用价值在《本草纲目》《本草求真》《本经逢原》《本草求原》《饮膳正要》《本草》等古今典籍中均有记载。以草果为扶助原材料和辅助材料，还可以生产出各种饮食、保健、化妆、洗涤用品，这是怒江的首创。

中国是世界上第一大草果生产国，云南是中国草果主产区，而怒江是中国草果种植面积最大的州，已种植草果111.45万亩，鲜果产量达5万吨，面积和产量均占全国的一半。怒江草果生长区域纬度和海拔更高、气温较低，草果生长周期为约2个月，芳香物质积累更多。且由于怒江森林覆盖率较高，土壤有机质含量

草果宴 罗金合／摄

高，优越的生态环境和"双雨季"的独特优势，给草果生长提供了条件，怒江草果品质也非常好。

怒江州从广东、上海等沿海地区引进企业开发了草果系列产品。香精类产品有草果精油、草果油树脂、草果纯露、草果原液驱蚊精华、草果植物纯露等；化妆、洗涤类产品有草果皂、草果浴袋、松茸草果焕颜面膜、草果内衣洗衣液、草果洗手液、草果熏香亮白洗衣液等；饮食类产品有草果正气饮、草果正气茶、黄精草果酒、草果啤酒、草果多、草果健胃饮、草果火腿酱、金果酱、草果饼、草果桃酥、草果芝士饼、草果鲜虾饼、草果花蜜、草果曲奇、草果米线、草果糟味等。只要来到怒江，游客便进入草果的花花世界，感受怒江物产之一草果的神奇魅力。

怒江野坝子蜂蜜

傈僳族谚语说："好看不过山花，勤劳不过蜜蜂。"怒江的山山岭岭、沟沟箐箐，植物千姿百态，鲜花争奇斗艳，这既是勤劳的小蜜蜂的功劳，又是中华小蜜蜂荟萃的天堂。1000多种珍贵植物为中华蜜蜂提供了纯天然、纯绿色的蜜源。居住在怒江、澜沧江、独龙江两岸的各族群众自古就有养殖蜜蜂的习惯，因为蜂蜜是他们索取蛋白质和糖的主要来源，而蜂蜡是他们的生活用品之一。

过去，居住在山里的村民挖空巨型核桃树干作蜂筒吸引蜜蜂入住筑巢、酿蜜。这些蜂桶或横着，或立着，或摆放在屋后台地

甜蜜蜜 克玉菊 / 摄

上，或搁置于高高的核桃树杈上。傈僳族有谚语说："不戴帽的是撵蜂人，不穿裤的是捕鱼人。"撵蜂人站在光照与阴影之间，把手掌揎在额头上往远处眺望，就不难发现蜜蜂飞行的方向，判定方位后前去找寻，直至找到蜂巢为止。抑或在花丛中逮到一只蜜蜂，在其身上拴一丝白纸屑放飞后寻迹追踪。这种做法，后来就写进了男女之间谈情说爱的民歌里——"我愿在蜜蜂身上拴一片纸屑，让它捎去我对你的思念"。这是多么浪漫的做法和想象。蜂蜜色如琥珀、甜而不腻，味道清香甜润，营养丰富，生态健康，是怒江名副其实的地方物产之一。

泸水老窝火腿

　　"老窝"这个地名解释有几种：一说"老窝"属今景颇族支
系茶山先民"浪苏"话，因为茶山先民"浪苏"人别称"浪峨"；
一说"老窝"有3口大铁锅呈三角态，"窝"即当地汉族客家话"深"
之意。老窝原属大理州云龙县，1979年划归泸水县，后成立老
窝白族乡。老窝镇世居民族为白族、汉族，20世纪末，从四川
大凉山腹地和泸水其他地方迁来部分彝族、傈僳族，使得老窝逐
步成为多民族聚居的乡镇。老窝位于海拔1800～2500米之间，
气候宜人，适宜多种农作物的生长。由于有得天独厚的自然条件，
老窝白族、汉族用玉米、绿菜、野菜喂养或在野外放养土猪，使
土猪肉质细腻、紧实。每年春节，家家户户都可屠宰三四头肥猪，

老窝火腿 罗金合／摄

老窝火腿肉片 罗金合／摄

腌制腊肉、火腿和灌香肠。腌制火腿不用盐、硫黄等，而是以烧青松枝、香柏枝的火烟熏干而成。储存时间越长味道越鲜美，时间达到两年的火腿可以直接切片生食，味道独特醇香。在 2018 年的丰收节上，一只重近 30 千克的火腿成为"选美"冠军，被人以 1 万多元的价格拍走，在场的人无不惊叹和钦羡。如今，老窝火腿名扬省内外，成为怒江州地方物产中的佼佼者，也是人们千方百计想品尝的美味。

贡山独龙牛

以一个民族的族称命名一种家畜，恐怕在中国很少有。独龙

独龙牛 罗金合 / 摄

牛是因为生长在独龙江流域独龙族聚居区，而得名"独龙牛"。由于其体壮个大，前额较宽，学名叫"大额牛"，是牛属的一个新品种。大额牛一般生活在高黎贡山北坡和担当力卡山南麓的大片原始森林之中，处于半野生状态。性情原因，独龙牛不能驯化而属于非役牛。

中华人民共和国成立前，远隔内地的独龙江流域的独龙族以狩猎、采集、捕鱼为生，有一整套原始的狩猎、捕鱼文化。独龙族"祭猎神""剽牛祭天"等习俗就是一个例证。独龙族举行"剽牛祭天"仪式时，到深山老林里用撒盐的方式控制住牛才得以牵回寨子。如今，经过专业的畜牧专家进行人工培育，大额牛种群遗传基因得到了极大保护，其养殖规模也逐渐扩大，贡山独龙江成为大额牛的重要繁育基地，泸水凤凰山也是大额牛养殖基地。独龙牛是怒江州标志性地方物产，每年有几十头出栏。泸水市六库有独龙牛肉特色餐饮店，可供游客品尝其细腻的肉质、鲜美的味道。

泸水高黎贡山猪

高黎贡山山脉雄伟壮美、巍峨险峻，绵延几百里纵贯于波涛汹涌的怒江西岸，成为中缅边境的天然屏障。泸水境内的高黎贡山山脉，遍布怒江支流，形成一个又一个河谷、一条又一条箐沟。河流在与怒江的交汇处，逝去的时间不可逆转地冲刷出一片又一片冲积扇，傈僳族把这种平地谓之"瓦底"，也叫作"坝"。但凡称为"坝"的地方，古时候是怒江流域傣族先民"摆夷"繁衍生息的地方，或者是过去六库白族段土司管辖而多少普及了汉语和推行了圈舍养猪的地方。从炎热的怒江边到寒冷的高黎贡山山巅，垂直的立体气候，使得植物种类繁多，农作物种植带层次明显。300年来生活在坝子、河谷一带的汉族、白族、傈僳族先民都有饲养猪的习惯，在育肥之前或不属于育肥猪的小猪、架子猪都要散养于草地、耕地和灌木丛林，猪所啃食的植物以及浆果、根茎多种多样，逐步培育出了一种独具特色的当地土猪，经畜牧部门对这种猪品种筛选、培育，依据猪的特性、优点和饲养地理位置，命名为"高黎贡山猪"。

高黎贡山猪由于散养而使之成为一种体稍小、瘦肉型的土猪，

琵琶肉 怒江州文化和旅游局 / 供图

而且肉质细腻、清香。宰杀后，无论是烧烤小猪肉，还是黄焖小猪肉、清炖小猪肉，都是一道美味佳肴，深受顾客喜欢。如果腌制成腊肉、火腿，保存的时间会更长，是老百姓日常生活和招待贵客时必不可少的地方物产。

漆树·漆油

在怒江峡谷、澜沧江峡谷绿茵茵的河谷和箐沟里，到处生长着一种属于乔木的大树，其干可作木材，其汁可作油漆，其籽可作油料，这种树也因此得名叫"漆树"。古时候，人们就已发现漆树全身皆是宝。傈僳族、白族（勒墨人）、怒族都有在荒坡荒地里种植漆树的习惯。人们用漆树木材加工生活用具。用这种材料加工出来的用具木质坚韧、花纹漂亮、经久耐用。就像割橡胶一样，漆树汁也可割下来做生漆。用这种生漆涂刷于家具、器皿，可保存长久。因此，傈僳族喜欢用它涂刷棺木，希望逝者"所栖之所"长存不朽，让后人永念。榨漆树籽做油料，可使受伤之人尽快恢复元气，使健康之人更加强壮无比。

漆树是一种会让过敏体质的人发生过敏的一种植物，严重的只要经过树下就会发生过敏现象。但漆树籽是一种上等的油料，在油脂匮乏、压榨设备缺乏的年代，人们采集漆树籽在石臼里捣碎后放入锅中爆炒出油后煎炒或煮菜食用以补充脂肪。后来，有了压榨设备，人们将漆树籽在锅里焖熟后用麻布紧紧裹住，然后放在大木棍下用杠杆的原理压榨出油。液体状的漆油晶莹剔透，

漆油 罗金合/摄

放置一段时间后就会凝固，便于储存和携带。过去，傈僳族月子中的妇女才能享受到这一美味，快速愈合伤口、恢复元气。现在，漆油已经不再是奢侈品，日常生活中用它来烹饪各种菜肴再寻常不过。2021年，非遗保护部门申报这一手工艺为州级非物质文化遗产保护名录进行保护和传承。

除了前文介绍的物产外，怒江州还盛产山珍类野菜，如竹叶菜、刺龙苞、苦苣苣、水芹菜、蒲公英、蕨菜等，有菌类松露、羊肚菌、蘑菇、鸡枞、牛肝菌、青头菌、松茸、木耳、白生等，有中草药类云黄连、厚朴、杜仲、当归、党参、牛蒡茎、板蓝根、车前草、金银花等，有水果干果类柑橘、李、桃、梨、柿、枇杷、

松露 罗金合 / 摄

核桃、板栗、香蕉、甘蔗、车厘子、蓝莓等，有动物飞禽类乌骨羊、高黎贡山黄牛、独龙鸡等。只要来到怒江，便可以品尝到不同类型的山珍野味和地方特色肉食，满足口腹之欲。

CHAPTER 11

游兴之余逛逛市场

暂停脚步，放松身心，夜泊在这片宁静、舒适的江湾里。

上帕街四 李如辉／摄

夜泊西岸

怒江大峡谷地处滇西，要领略这方秘境不免一路舟车劳顿，从南边进入通常得在泸水住一宿。夜泊在泸水这片宁静、舒适的江湾里，暂停脚步，放松身心，是不错的选择。

澎湃的怒江沿着峡谷向南日夜奔流，流经龙竹坝时转了个弯，由西南转向东南。在这里，怒江收敛起汹涌的姿态，出现了一路北来罕见的平静，开阔的江面让大大咧咧惯了的怒江呈现出难得

怒江西岸 罗金合 / 摄

一见的小家碧玉气象。"怒江西岸"休闲街区就坐落在这片宁静的江湾边上，与东岸笔直陡峭的山峰形成鲜明对比。

"怒江西岸"很年轻，2014年开工，2017年建成；面积很小，总建筑面积约7万平方米；布局很精致，旅游文化街、酒吧街、沿江风情街、阿莫思广场、瓦酷黑广场、阿朵广场，应有尽有；景色很美，有富有民族特色的建筑、四时不同的江景、夜间璀璨的灯火；美食很诱人，中西餐、民族风味、地域小吃、冷饮甜点，色香味俱全；知名度很大，是怒江的外宣窗口、怒江旅游的网红打卡点、云南首批夜间文化和旅游消费集聚区。

如今的怒江天堑变通途，车水马龙，交流如织，但在过去只能靠马帮驮运。作为交通工具的马沉寂进历史，关于马的印象便铭刻在人们的记忆中、呈现在事物的名字上。"阿莫思"为傈僳语，意思是"一匹红色的马"。"瓦酷黑"指教堂，广场上方建有一座钟楼，钟楼风格酷似教堂，因之而得名。"阿朵"是"火"，延伸为"在篝火旁打跳"。建筑处处彰显民族民居建筑风格，木楞房的外观形态，饰之以傈僳族文化的标志符号"拉奔"，其内部处处展现现代建筑设计元素。历史的、现代的、宗教的、民族的，不同的元素、不同的记忆于此交汇、并存。

残冬初春，江面碧绿，天蓝如盈，沿江高大挺拔的攀枝花树未叶先花，花枝招展、肆意绽放，红彤彤一大片。春尽孟夏，众花争艳，凤凰花如火如荼地盛放在各个角落，蓝花楹落英缤纷洒下阵阵花雨；野樱、木棉、月季、杜鹃皆不甘落寞，争先恐后地竞相开放，色彩斑斓，一抹抹饰满怒江西岸。秋冬之际，怒江渐收泼辣脾性，始现温和沉静，蓝天碧水，远山浩渺。

怒江大峡谷

怒江西岸夜景 张晋康 / 摄

白天的"怒江西岸"很美，入夜更美。华灯初上，霓虹璀璨，照明灯、草坪灯、礼花灯、装饰灯齐明，西岸顿时五彩缤纷，映衬得建筑、群山绚丽夺目。通达桥上，13对斜拉索和立式桥柱组成一幅巨大的灯光秀，红的、黄的、绿的、蓝的、紫的……各色灯光闪耀，依照不同主题拼凑成不同图案。东岸公路上的灯带、路灯沿着江流方向往南北延伸，灯带如练、路灯如豆。对岸山腰上的灯景"怒江大峡谷"几个大字明亮夺目。各式各样的灯光相托互衬，气势恢宏。倒影到江面，岸上、水上交相辉映，愈现流光溢彩。小城顷刻陷入灯的世界、光的海洋，变得无比现代、时尚，隐隐然有都市之感。

吃喝玩乐从日薄西山开始，待到夜幕笼罩怒江西岸时，早已佳肴飘香，满是人间烟火。饮食一条街中，火烧鸡、漆油鸡、烤乳猪、老窝火腿、峡啦、撒丕等各民族特色美食荟萃。吃一桌傈僳族的手抓饭，饮一杯"布汁"美酒，听一曲民歌，看一出表演，从嘴到眼享受一次傈僳文化盛宴。川味麻辣鱼、重庆火锅、永平黄焖鸡、酸汤猪脚、大理海稍鱼等各地各色菜系汇聚，汉堡、披萨、牛排、炸鸡、薯片等西餐应有尽有，冷饮、甜点、酒水、咖啡任选。黄昏时分，选一临窗雅座或露台餐桌，或品美食或喝饮料，或可远眺江东半山和通达桥上的灯光秀。尤其是夏日傍晚，喝点冷饮消暑，享受江风拂面，是件十分惬意的事情。

饭后沿江边走走，看璀璨灯火，观滔滔江流。有人在跳广场舞、有人在演奏民族乐器、有人在唱歌……舞步轻盈、器乐悠扬、歌声嘹亮。散步的老人、竞走的青年、奔跑的孩童，或细语婉转，或嬉戏打闹。走累了找个长椅临江而坐，静静地发呆；或到各式

热闹的怒江西岸 罗金合 / 摄

各样的门店点一杯饮料，细品慢啜；又或者邀约朋友到 KTV，
一展歌喉。钟声缥缈、涛声连绵、市声鼎沸，"怒江西岸"的夜
晚异常热闹。夜色深了，西岸有酒店、民宿可供下榻，伴着钟声、
水声，与这座边陲小城一道入梦。

历史久远的上帕街

上帕街，历史十分悠久。上帕，是福贡县人民政府所在地，
旧时称章化乡。由于碧罗雪山西麓山坡上有一个傈僳族寨子叫"下
帕"，根据此傈僳语发音写作"上帕"。福贡县和平解放以后，
设立上帕公社、上帕区、上帕乡，现为上帕镇。20 世纪 20 年代起，
云南省国民政府开始对边疆"殖边"，在福贡成立设治局，便开

始设置上帕街。此后，每逢阳历 10 日、20 日、30 日为赶集日。2013 年后，县人民政府改逢周六为赶集日。

过去，上帕街子就是在一条路（今穿城路）上设集市。每逢赶集日，来自四面八方的老百姓沿街道摆摊设点，贩卖自家产的蔬菜、水果、鸡、鸡蛋、小猪以及其他土特产品。如今，穿城路上除了沿街的宾馆、酒店、小食店、商铺、医疗门诊以外，再也

上帕街 罗金合／摄

看不到沿街摆设的摊位，而是在城区集中开辟了南、北、西三个大型农贸市场。到福贡旅游，如果有闲暇时间或碰到周六，你可以到这些市场走走看看，一定会发现在城里看不到的惊喜。如果你想吃一顿美美的早餐，可以沿穿城路找寻，无论哪家小食店，都可以吃到香喷喷的小笼包、米线、饵丝、烧饼、煎饼甚至煮洋芋、煮土鸡蛋、煮芋头、煮竹笋，等等；还可以喝到酥油茶、绿茶、红茶。如果还有时间，就逛逛农贸市场，那里可以购得你心仪的特产。春夏之交，你会看见满街清脆的竹叶菜、青竹笋和各种菌菇、野菜。水果挂果季节，你会看见一筐一筐的不同品种的李子、桃子、柿子、梨子、橘子、橙子、柚子等，其中，最吸引眼球的是福贡的"鸡血李""古当梨""亚谷橘子"。"鸡血李"是福贡地方特色水果，个儿大、皮薄、汁多，酸里带甜，甜中有酸，肉呈鸡血色，因此得名，深受欢迎；"古当梨"顾名思义产自马吉乡古当村，个儿大有几斤重，甘甜如蜜饯；"亚谷橘子"顾名思义产自子里甲乡亚谷村，个小皮薄，清甜可口，是难得一见的老品种橘子。除了水果，还有各种各样的中草药。自怒江州打造"百万亩中草药"产业以来，老百姓开始人工种植各种适宜气候的中草药，如云黄连、鸡爪黄连、牛蒡筋、当归、黄精、川芎、板蓝根、车前草、蒲公英、苦荞荞、鱼腥草，还有野生的葛根、鸡血藤、回心草、贝母等，琳琅满目。冬季，你可以看到摆满街头的一桶一桶的中华蜂蜜，这是几年来政府实施"甜蜜事业"的结果。老百姓把没有过滤蜜汁的成片成片的蜂巢放置木桶中售卖，有金黄色的，有棕色的，有黑褐色的，色泽诱人，尤其是岩蜂蜜，蜜源花卉的充足，使得蜂蜜含有多种维生素和氨基酸，冲击着每个人的味蕾。草果是福贡县的重要产业之一，除了被开发经营草果香料的公司收购走以外，一些老百姓也会背到集市上零星出售新鲜草果。新鲜草果呈鲜红色，一串串、一拢拢，买回去晾晒干以后，煮鸡肉时放上一二粒，不但去腥，更让鸡肉清香味美。

晚上，或进酒吧，或逛烧烤摊，傈僳族"杵酒"是必喝的当地特色酒水。"杵酒"，傈僳语称"嫩汁"，是用玉米、小麦、鸡脚稗煮熟后发酵的一种水酒，喝时从罐里舀出后加开水杵匀滤其汁而饮。带有醇香、甘甜的水酒，度数一般在 20-25 度，无论男女老少，无论是否会饮酒，都可以饮上几杯而不醉。烧烤，你可以点当地的乳猪肉、山羊肉、黄牛肉或鸡枞、香菇、土豆、青南瓜、臭豆腐、韭菜等。如果再想品尝当地风味，你还可以喝上一碗"峡啦"。福贡上帕街的"峡啦"品种丰富，有鸡肉"峡啦"，有鸭肉"峡啦"，有鸽子肉"峡啦"，有鱼肉"峡啦"，有羊肝"峡啦"，有菌子"峡啦"，有兔子肉"峡啦"，等等。在喝"峡啦"时，还可能会遇到美丽、热情的傈僳族、怒族小姑娘唱着酒歌前来敬酒或与你喝"同心酒"，让你尽情感受古朴、有趣、热烈的福贡傈僳族酒文化。

香飘丹当夜市

丹当是贡山县城所在地。贡山县城只有一条狭长的主街道，当地人称其为"县城大道"。大道在稀稀疏疏的行道树中间南北伸展开，道路两边是悉数可数而一字排开的县行政中心、酒店、宾馆、金融、税务、文化宫、公安、邮政、医院大楼以及各类大小商铺。晚饭后，当地人或远道而来的游客，一般出门漫步主街道用不了三十几分钟便可走个来回。然而，更多的人还是喜欢沿着步行道走进普拉河谷，一路聆听林中的鸟儿啁啾而鸣，享受从河谷深处吹来的徐徐凉意，也可驻足仰望碧罗雪山上的晚霞、白云、浓雾，更可俯瞰汹涌奔腾的普拉河近乎喧嚣的歌唱。原路返回后，感觉有些饿的话，可以去丹当夜市走一走、看一看，边陲小镇的夜市一定会让人感觉到浓烈享受和从未有过的体验。

丹当夜市位于县城主街北端的东面。说是东面，其实就是从县公安局对面往下走几十米的农贸市场里。一条袖珍型的小街，

丹当夜市 褚丽英 / 摄

靠西面是林林总总的烧烤店、酥油茶店、"峡啦"店、早晚点店、小百货店……从黄昏开始，人刚走到农贸市场口，迎面便嗅到远处飘来的纷繁复杂的烧烤、酥油、杵酒、"峡啦"的香气。这香气仿佛就像是一张无形的绳，牵引着还在街口驻足观望、犹豫不决的人往里走。而当游客走过店门前时，身着藏、怒、傈僳、独龙等各民族服装的或小姑娘或老板娘就纷纷吆喝、打招呼，甚至唱着能吸引客人的民歌让人情不自禁地留下来。

丹当夜市的烧烤，猪肉是当地老百姓用玉米饲养出来的乳猪肉，肉质鲜嫩，焦香酥脆；牛肉是放养在深山老林里的独龙牛肉，肉质细腻，味道清香；鸡肉是独龙人家里饲养的独龙鸡肉，

丹当夜市烧烤 褚丽英／摄

其肉紧实，芳香耐嚼；鱼肉是怒江鱼肉，吃起来香味独特、口感特别。在春、夏、秋季，有菌烧烤、笋烧烤、土豆烧烤、青玉米烧烤、山药烧烤、韭菜烧烤、青南瓜烧烤……品尝的是这一方大自然得天独厚的馈赠。丹当夜市酥油茶店里，可以喝到醇香的藏家风味——酥油茶。若是想要喝得野性、原始一点，游客可以要求店主不放核桃仁面、花生仁面和鸡蛋等香料，这样的酥油茶味道纯正，完全有在藏族人家做客的感觉。

贡山人烹制"峡啦"与其他地方不同。畜禽的肉和五脏六腑、菌类、鱼类都可以拿来做成醇香的"峡啦"，且"峡啦"的肉不剁成肉末而是剁成块、坨，如此一来，喝"峡啦"的同时，也可细细咀嚼肉的香味。一边喝着浓烈的酥油茶和醇香的"峡啦"，一边吃着香喷喷的烤独龙牛肉，这种惬意也只能在丹当夜市找到，别处岂能求得？

去丹当夜市，还可以品尝贡山独有的董棕粉。当然，董棕树在国内属于国家重点保护的野生植物而禁止砍伐。丹当夜市里售卖的董棕粉是从缅甸进口而来的。董棕粉色灰白，倒入开水搅拌均匀即可食用，与藕粉的吃法是一个道理。据说，长期食用董棕粉有保胃养胃的功效。

在丹当夜市吃烧烤、喝"峡啦"，在同一个店里消费的人即使素不相识，但当地人也常常前来为客人高唱几首傈僳族、怒族、独龙族、藏族酒歌和敬上一杯酒，让客人感受贡山各民族的待客之道。同时，还时不时听到从酒吧、歌厅里传来的歌声。一边是夜市四溢的烧烤烟香，一边是悠扬的当地原创民歌声，这种氛围尽显小镇的寂静与安宁，更能驱散游客的疲惫。

CHAPTER 12

智慧民族编织怒江

不灭的篝火燃烧着他们永恒的激情，香醇的美酒伴随着他们惊人的烂漫，而生活中的喜怒哀乐是他们不竭的民间艺术源泉。

传承 吴世平 / 摄

能奏出美妙音符的工艺品——傈僳族"起奔"

樊绰在《蛮书》中记载，在唐代，傈僳族就已经以独立的部族而存在，主要聚居在滇西北及川西南地区。明朝嘉靖年间开始，经过几次大迁徙，形成今天的分布格局。过去，在怒江州，傈僳族祖祖辈辈生活在崇山峻岭之中和峡谷山涧之间，历史长河赋予了这个民族富有智慧的头脑。不灭的篝火燃烧着他们永恒的激情，香醇的美酒伴随着他们惊人的烂漫，而生活中的喜怒哀乐是他们不竭的民间艺术源泉。一句"能歌善舞"无法形容这个民族在音乐、舞蹈方面的天赋。怒江北部的傈僳族擅长于弹奏四弦琴，傈僳语称"起奔"，这个名称源于它是一种"一弹就会响"的乐器的释义缩写。由于讲究其形状美、音色美，傈僳族手工艺人会在"干季"即秋冬季节攀悬崖、钻密林找寻能制作"起奔"的木材，在太阳下晒干后，用来制作各种弹拨乐器。

制作"起奔"的匠人，以"起奔"演奏、弹唱"非遗"传承人居多。这些"非遗"传承人一边传承音乐，一边制作"起奔"当手工艺品销售，以增加家庭经济收入，亦作为传承技艺的费用贴补。傈僳族"起奔"有三弦、四弦之分。三弦一般弹奏的是傈僳族"刮克"曲调，四弦一般弹奏的是伴舞曲调。弦声清脆，跳跃性强，节奏明快。"起奔"分弦纽、弦身、共鸣器、丝弦，过去在没有钢丝做弦的年代，傈僳族用马尾作弦，同样能弹出美妙的声音。随着旅游业的发展和"非遗"项目的保护与传承，仅在福贡县就有十几家专门制作销售"起奔"手工艺品的农户及专业合作社。他们除了制作"起奔"外，还同时制作傈僳族短笛"笛哩图"、口弦"玛弓""楚楚"等民族民间乐器。当你步入这些挂满各种民间乐器的店铺，傈僳小伙儿会弹着"起奔"调、傈僳姑娘会吹起"笛哩图"欢迎你的到来，让你在这美妙的琴声、笛声中得到片刻的喜悦。外地游客不会弹奏"起奔"亦可购买，作为旅游伴手礼、观赏品，或送亲朋好友，或悬挂于家中墙壁上。

男子汉的装饰物——傈僳族弩弓

在《南诏野史》中，可看到"尤善弩，每令其妇负小木盾前行，自后射之，中盾而不伤妇"的记载。可想而知，从古代开始，弩弓便是傈僳族最普遍使用的狩猎工具，也是傈僳族最具标志性的器物。不知道何时，人们将这两种武器合用在一起，称"弩弓"，泛指中国南方少数民族独特的狩猎工具和御敌武器。弩弓，傈僳族叫"欠"，分弩身、弩皮、弩弦、扳机四个部分，一般用 30 年左右的锥栗木和岩桑木加工制作而成。锥栗木做弩身，岩桑木做弓身。

傈僳族曾经也是一个以狩猎、采集为生的古老民族之一，因此弩弓自然而然成为他们战胜猛兽、获取猎物的主要武器。聪明智慧的傈僳族为猎取虎豹，制作出弩弓王和铁镞箭以及草乌毒箭。20 世纪初，泸水片马傈僳族、景颇族等民族在抗击英国侵略军以及 20 世纪 40 年代打击窜犯泸水的日本侵略军的英勇斗争中，弩弓和毒箭大显神威，致使侵略者闻风丧胆。傈僳族很看重弩弓的传承和使用，逐步创造出灿烂独特的"弩弓文化"——傈僳族

傈僳族射弩 罗金合 / 摄

人生礼仪中，祖父或父亲做一把弩弓赠送给孙子或儿子，表示小孩已经长大成人，可以随大人一起撵山狩猎、参加生产劳动、娶妻生子、成家立业，从而使弩弓成为成年人的重要标志。在人群聚集娱乐场所，弩弓又是傈僳族男子获取少女芳心的一件比赛器械——傈僳族姑娘头顶装有稻谷米、上面竖一枚鸡蛋，在十几米开外让男子射箭，以考验男子是否胆大心细，是否敢于面对，射中者将成为女子心仪的对象；作为女子站在射手对面，头顶鸡蛋作靶以表示对男子的忠贞和不离不弃。傈僳族弩弓手具有"百步穿杨"之美誉，在比赛场上射粑粑、射箭花、射箭包以博得在场观看比赛的姑娘的欢心。国家全面禁猎以后，弩弓已然成为傈僳族传统体育比赛的器械和男子汉随身携带的装饰物。过去，熊皮箭包佩以弩弓象征男子汉的威武。今天，肩扛弩弓，身背长刀依然是傈僳族男子汉的气派。射弩比赛是怒江州民族传统体育竞赛项目之一，每年傈僳族"阔时"节期间都要举办"弩王"争霸赛，优秀选手都得到举办单位的嘉奖。一直以来，怒江州体育部门选送的射弩选手在全省、全国射弩比赛中成绩处于领先地位，有的选手还到国外进行表演，传播民族文化。

傈僳族认为，弩弓有弩神，妇女不能脚跨弩弓，如此会亵渎弩神，就很难获取猎物，男子汉的威风也就不复存在。如今，弩弓不再是狩猎工具，而是旅游者青睐的高档手工艺品。制作精良、木质优等的弩弓价格也不菲。随着海内外游客来怒江旅游人数的不断增多，弩弓越来越受到人们的喜爱。每逢赶集日，集市上摆满了大大小小的弩弓供游人或赶集人挑选。2022 年，怒江州有关部门将傈僳族弩弓制作技艺作为傈僳族非物质文化遗产保护项目，向省非物质文化遗产中心申报省级保护名录。

披在身上的彩虹——独龙族"拥朵"

"掷梭两手倦，踏茧双足趼。三日不住织，一匹才可剪。"这是宋朝诗人文同《织妇怨》中的诗句，但居住在贡山县的独龙族、怒族妇女可不像诗中所描绘的有那么多怨恨，她们编织的是象征新社会幸福生活的"彩虹"。

独龙族生活在遥远的独龙江，横跨独龙江两岸的七色彩虹促使独龙族妇女的灵感油然而生，她们追求美，追求生活要有颜色，追求人生需要出彩。于是，旧社会的独龙族把蝴蝶文在脸颊上，把彩虹编织在毯子上。没有五颜六色的粗毛线、开司米毛线的时代，智慧的独龙族采集到森林和草丛里各色花卉和草科植物，捣碎后用其汁将大麻线浸泡、煮沸，染成各种各样的颜色。独龙族是一个崇尚天神"嘎木"的民族，他们认为"九"代表天，"七"代表地，也就是"九"象征阳（男性）、"七"象征阴（女性），她们给自己织毯子要染成七种颜色，即赤、橙、黄、绿、青、蓝、紫，给男人织毯子要染成九种颜色，即赤、橙、黄、绿、青、蓝、紫、白、黑，难怪外地人为独龙毯取了一个很好听的名字叫"彩虹毯"，独龙族称之为"拥朵"。

过去，一张小小的独龙彩虹毯在独龙人生活中视为神物，其用途是多种多样的。白天，他们把它作为裹身遮羞和保暖的"衣裙"；夜晚，睡在火塘边的独龙人把它作为取暖的被子。人们无法想象，独龙族无论男女还是老少，一人一张毯子，这便是他们身上、"床"上的全部"家当"。中华人民共和国成立后，独龙族的生活发生翻天覆地的变化，用毯子裹身遮羞、当被取暖的时代犹如滔滔独龙江水一去不复返。如今，独龙族妇女编织的彩虹毯已经上升为一种新的高端手工编织品，作为高档礼品赠送他人，极显尊重。如今，在上海市浦东新区的帮扶下，独龙族妇女编织的小小独龙毯走进大都市，独龙毯已经不再是床单、被套、沙发巾和衣裙等物品，而是作为各种精美时尚挎包的面料和各种玩偶

独龙毯 罗金合／摄

织独龙毯 张晓梅 / 摄

制作的原材料，让世界感受到"非遗"的魅力。

　　贡山县丙中洛的怒族也有编制彩虹毯的手工技艺，即"怒毯"。每年四、五月份，丙中洛山坡上，开满各色各样的杜鹃花时，丙中洛怒族迎来自己的节日"乃仍"节。在这个节日上，身着盛装的怒族妇女在官方的组织下，进行怒毯编织比赛。木梭在她们双手间和织线间交换着来回穿梭，经线和纬线在编织木车上摇曳，在规定的时间范围内，比拼的是织女们的色彩搭配、编织速度、织品质量。每一次节日都会产生几名最美织女而得到政府的奖励。

民族文化的符号——怒江各民族多彩服饰

居住在怒江流域的傈僳族服饰分北部服饰和南部服饰。北部傈僳族服饰由于居住在高山一带，常年与白云为伴，因此主要以白色为主：姑娘的百褶裙和贴身右衽衬衫是白色的，男子的长衫、短衣是白色的，姑娘斜挎在胸前的"拉奔"（碎磲片）是白色的，镶嵌在"欧冷"（珠珠帽）上的珍珠也是白珠为主。白色傈僳语称"普"，傈僳族把日常生活的五颜六色之中的白色视为"老大"，傈僳族男性老大称"阿普"，傈僳语称"钱""银"也是"普"，可见傈僳族对"白"这种颜色的钟爱和喜好，白色在傈僳族社会里寓意"富有"。

怒江南部傈僳族把蓝色称作"妮尺"，与"伤心"一词是谐音词，因此在唱山歌时，要表达对对方切肤般思念之情称为"妮尺"；傈僳族对"绿"和"蓝"都称为"妮尺"。泸水傈僳族服饰尤其是女性服饰色彩以蓝、绿色为主，这是因为他们居住在热带、亚热带绿色丛林里，崇尚蓝色并以此为贵。蓝、绿色象征生命，蓝、绿色象征发达，蓝、绿色象征爱慕。今天，傈僳族服饰的款式、颜色都已经发生深刻变化，身上佩戴的饰物也多种多样。福贡、泸水有多家作为扶贫车间的服装生产合作社，制作、生产不同型号、款式的男女服装。傈僳族妇女、男子的饰物也从过去单一的碎磲片，发展为色彩艳丽、大小不一的各色珍珠、玛瑙和银饰品。傈僳族妇女把珠串斜挎在胸前，把"笛哩图""玛弓""楚楚"乐器穿上绿绒球随身携带着，休憩时拿出来吹吹弹弹，哪里有生产劳动，哪里就有欢乐的歌舞，生活在大峡谷里的民族就是如此的快乐和幸福。

分布在怒江流域和澜沧江流域的怒苏、若柔、阿侬、阿怒四个族群，在 20 世纪 50 年代初开展民族识别工作时，归并为一个民族即怒族。一方水土养育一方人。不同地方的怒族着装也不同。怒江流域的怒族在中华人民共和国成立之前，男女均以麻布着衣。女子从十二三岁开始穿麻布裙、右衽上衣，已婚妇女则在衣裙上加绣许多花边，头部及胸部用许多珊瑚、玛瑙、贝壳、料珠、银币串成漂亮的头饰及胸饰，怒语称"吾普都阿""卢批靠、夏伟"。短衫一般为蓝色、白色，夹袄为深蓝、深红、黑灯芯绒

怒族包包 武发菊／摄

泸水傈僳族妇女 刘珊 / 摄

等色，色彩鲜艳夺目。但有时怒苏女装和傈僳族女装让外地人难以分辨，也引起过不少争论，其实，这是民族之间相互学习借鉴的结果。怒族百褶裙黑色居多，而且胸前坠一块巴掌大的砗磲片；傈僳族百褶裙白色居多，胸前挂"里滴"即珠珠串。居住在贡山的阿怒妇女则衣着敞襟宽胸袖长齐踝的麻布袍，年轻姑娘加一条围裙，女装的前后摆在接口处缀有一块方形红色镶边布，头披一块方形的麻布至颈项，用精致的竹管贯穿。无论是上身右衽衬衫还是下身裙子，无不显示着她们亲手编织的怒毯的颜色。她们生活在七彩的世界，着装也是七彩的，已然成为大自然的一部分。居住在澜沧江流域的若柔，由于处在多民族杂居地区，服饰上因受当地白族、汉族之影响而差别不大。女子头打大包头，佩戴耳环、手镯，上衣领口、袖口多镶花缎边，脚穿绣花鞋。色彩犹如澜沧江两岸的群山显得格外朴实无华，有几分沧桑感。

历史上，独龙族男女传统服饰大多为经过染色后的麻线织成的毯子，独龙语称"拥朵"，白天当衣，夜里作被。男性服饰一般以宽1米、长2米独龙毯为衣，由右肩斜裹于身，小腿戴蔑箍，身挎长刀或弩弓。女性则用两张独龙毯自双肩斜披至膝盖，头包彩色毛巾，戴耳环，佩胸链、项链，身背篾箩。随着时代和社会的变迁，独龙族服饰在保留原有主色调的基础上，款式、色彩发生了很大变化。男性上身着独龙毯缝制的对襟短衣或马褂，下身穿汉式长裤，头戴镶有各种点缀饰品的毡帽；妇女着白色衬衣，外穿独龙毯筒裙。简约、朴素、大方是独龙族服饰的特点。

普米族服饰，无论男女，都与其先民是一个游牧民族有关。正因为普米族的先民与放牧的绵羊有关，以至于他们的衣物以羊毛制品为主，羊毡帽、羊皮褂、羊毛毡、羊皮靴，等等。普米族女人一般细缕发辫披于后肩，美丽的玛瑙珠、砗磲片相缀绕于头顶，垂至肩乳。百褶裙子在舞场上转动起来就像一朵云一缕烟，玄妙无穷。男子头戴羊毡帽，身披羊毛毡子，走起路来玉树临风，跳起舞来震动舞场。在普米族社会里，可以从服饰上辨认未婚妇女和已婚妇女，她们把未婚女子和已婚女子的标志镶嵌在服饰上，尤其从头帕的颜色上可以区分：花头帕多为未婚女子，黑头帕多为已婚女子。这种有区别的装束不至于让那些追求者出现差错。这是一个多么智慧的民族！倘若你来到普米山寨或是在"情人"节上碰到普米姑娘，一定要辨别清楚她们的装束，切不可贸然与她们开玩笑。

怒江州境内除了傈僳族、怒族、独龙族、白族、普米族以外，还有藏族、景颇族、彝族、傣族、纳西族等，部分少数民族由不同族群、不同支系组成，加之分布的地域不同，民族服饰款式各异，异彩纷呈，类型丰富，有浓郁的地方特色和民族特征。

CHAPTER 13

节日引客舞动怒江

绚烂的民族文化是怒江州高山峡谷旅游胜地的灵魂，更是"人人向往怒江"的一张名片。

"刀山敢上、火海敢闯"的节日——"刀杆节"

"上刀山、下火海",这几个字眼,看起来既很文学,又很刺激,更吸引眼球,引人入胜。"上刀山"傈僳语称"阿塔呆",意思就是"爬刀子"。为了形象、直观地感受到此项民俗活动的刺激性,文人们把它翻译成"上刀山"。其实,"上刀山"就是爬"刀梯"。后来渐渐形成一种无固定时间的民俗节日——"刀杆节"。2006 年,这一民俗活动被列入国家级非物质文化遗产名录。

在高黎贡山东麓有一个傈僳族、彝族杂居的山村,叫鲁祖村。这是怒江傈僳族、彝族"刀杆节"的发源地。在鲁祖村委会旁有一棵 300 多年树龄的大榕树,树冠面积达百十平方米,这是鲁祖村有人口居住以来的历史见证。300 年来,傈僳族和彝族共同居住在同一块土地上,久而久之,人们在语言、服饰、习俗以及日常生活中,形成了"你中有我、我中有你"的交融状态,就像一首民族团结交响曲奏响在泸水这块大地之上。

每年正月初二至初五或者正月十五,鲁祖村傈僳族、彝族都要举行隆重的"上刀杆"活动。观看过"上刀杆"的人不禁要问,去哪里寻找这两根笔直细长的木头呢?寻找扎刀梯的松木是很讲究的。秋冬季节,寨子里的人择吉日到松林里选择两棵长几十米、直径十几厘米的直挺挺的松木砍回寨子,然后削掉皮晾晒干以备用。爬刀梯,磨刀是关键一环。村中长老将备好的 36 把长刀磨得锃光发亮、锋利无比,而验证刀刃是否锋利的唯一办法是在刀刃上放一根头发用嘴使劲一吹,若使发丝成两节,这才表明刀刃已经很锋利,也就是人们常说的到了"吹发可断"的程度。

下火海 罗金合／摄

古老的大榕树前有一块平整、宽敞的场地，这是鲁祖村民聚集开会和开展歌舞活动的地方，也是"上刀山、下火海"民俗活动场地。清晨，村里的"尼帕"（巫师）要到寨子边潺潺流淌的溪水旁打一罐泉水回来，这是一种"请神"的仪式。"尼帕"回到寨子，全村的男人便已经扎好了刀梯，在"尼帕"祭祀完毕后，敲锣打鼓，竖立刀梯，用四根拇指粗的绳索固定住梯架，使刀梯直插云霄，好似攀上天宇的云梯。刀梯脚前置有一张桌子，桌子上摆放着水碗和酒碗，三炷点燃的香冒着袅袅青烟。"尼帕"翘首向天空吹几口酒气以后，攀爬刀梯的"师傅"，脚踩锋利的刀刃上，让两个小伙子紧握刀柄、刀背背着他绕"刀梯"三圈。绕毕，在鼓、钹、铓锣的敲击声中，攀爬者沿着刀梯向上逐级攀登。不一会儿工夫，便爬到屹立空中的刀梯顶端。攀爬者站在最顶端的横木上，抬起脚向人们展示自己的脚底。第一个攀爬者下到地面后，能上刀梯的其他攀爬者继续依次向上攀登。有一年，有一位女性攀爬者也爬了刀梯，在场的所有人惊叹不已、瞠目结舌，为这位勇敢的女性竖起大拇指。

在寨子举行"上刀山、下火海"活动，人们爬上屋头房顶、树枝树权和院坝的犄角旮旯，尽情享受这一民俗活动带来的文化大餐，铭记本民族传统文化符号，陶冶自己的心灵。在澡塘会，人们占据山坡有利地形，或田埂或石头或山包视野开阔的地方观看这一人间绝技。令人百思不得其解的是：赤脚能踩刀刃向上攀登的胆量和勇气从何而来？难道就不怕被刀刃割得鲜血直流吗？人们毛骨悚然、唏嘘不已，赞叹之余，不得不催生出"特异功能"四个字，而当地却将它归结为"尼"，这些师傅是"尼"的化身。

"上刀山"有许多传说：一说为了纪念明朝王骥将军。明朝兵部尚书王骥三征麓川，平定了边疆地区的叛乱，驱逐了外来侵略者，使一方水土得以安宁。一说"爬刀梯"是为了祈求上天给予百姓风调雨顺，从而五谷丰登、六畜兴旺，消灾避难、康乐平安。其实，泸水傈僳族、彝族上刀杆不同于腾冲傈僳族上刀杆，崇拜万物有灵的泸水傈僳族、彝族，消灾治病都请"尼帕"来祭祀除病。因此，"尼帕"的"功夫"非同一般，而有些大病必须以上"刀山"的形式祛除。傈僳族、彝族还有"烧身"的"治病"方法，也就是用滚烫的白酒擦抹脊背，还不时吹火在脊背上燃烧。慢慢地，这种祭祀、祈福、治病、祛灾活动演绎成了今天的"上刀山、下火海"民俗活动。

"上刀山"与"下火海"犹如一对孪生姐妹，始终不离不弃。举行"上刀山"的当天晚上，必定举行"下火海"活动。夜幕降临，寨子活动场中央燃起一堆巨大的篝火，火越烧越旺，人越集越多。等柴薪全部燃尽只剩明亮、滚烫的火炭时，"下火海"的勇士们赤脚跳进火炭堆迅速"蹚"过去。有的勇士用脚挑起碎炭，顿时炭火四溅，犹如节日里的空中礼花；有的勇士用手捧起火炭往空中抛撒，骤然间划出一道道明亮的弧线；有的勇士抓起火炭往嘴里塞，当着众人面"唰唰唰"地"咀嚼"起来。假如大"尼帕"在场，他们还把犁铧、铁链烧得通红，用门牙叼起、甩动，仿佛要征服人间的一切灾难和不幸。这时，观看的人群中响起一片敬畏、钦佩的尖叫声和掌声。

"上刀山、下火海"既体现居住在泸水的傈僳族、彝族崇拜火、敬畏火的礼仪，充分展现了不惧艰险、艰苦奋斗、崇尚勇敢

傈僳族上刀杆　罗金合／摄

的民族精神，也展现着守土戍边、保家卫国的爱国主义情怀。在保护、弘扬民族优秀传统文化的新时代，只要你在傈僳族"阔时"节、春节长假前来泸水观光旅游，就能一睹这一表现勇敢无畏、勇于攀登、执着向前的民俗绝技表演。

樱桃花迎来的节日——"阔时"节

明朝嘉靖年间，傈僳族荞、虎、熊、船、竹等氏族在本民族领袖刮木必的率领下，由今丽江境内金沙江流域迁徙到今泸水市洛本卓、古登、称杆一带，至今已有 300 多年历史。傈僳族在上述三乡的高寒山区开垦田地，兴修水利，繁衍子孙。在长期的历史长河中，根据物候变化、花开鸟鸣，总结出一套历法，被今天的人们称之为"花鸟历法"。为了充分表现"花鸟历法"（十月历法）每个月的功能，傈僳族人民还创作了《花鸟历法叙事长诗》，详细叙述了每个月要做的农事农活。有学者认为，这种历法体现了傈僳族先民们的智慧，积淀了数千年来傈僳族人民日积月累的生产生活经验，是指导傈僳族聚居区生产生活的行为准则，同时也是一幅浓墨重彩的傈僳族生活画卷。

傈僳族一般对一年大体分为"干""湿"或"热""冷"两季，把一年划分为 10 个月，即过年月、盖房月、花开月、鸟叫月、烧山月、饥饿月、采集月、收获月、煮酒月、狩猎月。傈僳族也使用中华民族阴历（农历）的"十二属相"计年、计日，傈僳族有"一年计年十二月，一月数月三十天，一轮（属相）计日十三天"的民间俗语。因此，有的地方把一年又划分为 12 个月，即狩猎月、侍牛月、烧山月、播种月、养生月、火把月、祭神月、砍籼米地月、收获月、饲豕月、煮酒月、过年月。每年初冬，泸水境内大小河谷开满野樱桃花，红艳艳的樱桃花不仅绽放在山野河谷间，也开放在傈僳族大人小孩的心里。因为，他们清楚地记得祖宗留下来的谚语："山茶花开白族过新年，樱桃花开傈僳过新年。"此谚语区别着傈僳族和汉族与白族过新年的大体时间。无论是"十月历法"还是"十二月历法"，时间大体在每年阳历 12 月中下旬。按照十二属相十三天一个轮回，最后一个属龙日开始欢度"阔时"节，但是，在此之前的属虎日为打扫房间、洗籼米、舂玉米壳筹备粮食；属兔日舂籼米粑粑、酿酒；属龙日为"年三十"，这天要杀年猪、宰羊，凌晨雄鸡打鸣要祭祀祖先、祭三角神；属蛇日为"新年初一"，全寨男女老少聚集在寨子活动场地玩耍、嬉戏、对歌，开展体育娱乐活动。傈僳族过节一般要过十三天，即十二属相的一个轮回。古时候，傈僳族过完年，便集结青壮年猎人搓绳削箭、整理猎网、唤犬狩猎。如今，过完新年，该外出务工的告别亲人走出家门去往内地大城市打拼挣钱，坚守故土的则忙于侍牛犁地、备耕春耕，进行生产活动。

1983 年，傈僳族"阔时"节正式写入《怒江傈僳族自治州自治条例》，将每年 12 月 20～22 日固定为傈僳族"阔时"节法定时间，全州放假 3 天。从把"阔时"节写入自治条例成为法定节日起，傈僳族"阔时"节不仅仅是本民族传统节日，节日的内涵丰富、外延扩大，其他民族对"阔时"节的看法逐步发生变化，"阔时"节俨然成为全州各族人民的重大民族节日。"阔时"节期间，怒江州人民政府、泸水市人民政府所属部门、单位组织开展文艺演出、物资交流、经贸洽谈、传统体育竞赛以及狂欢活动。一个原先自觉的民族传统节日走向了自信的民族节日，坚定了中华民族的文化自信。

泸水民族体育场坐落在六库江西老城区。"阔时"节当晚，体育场张灯结彩、彩旗猎猎、横幅飘飞。看台上座无虚席，绿茵场上人头攒动，搭建在球场东边的舞台以滔滔怒江、对岸山上的"怒江大峡谷"几个灯光大字作为背景，山、水、人融为一体，气势磅礴，衬托出怒江州人与自然和谐共生的超然景象。文艺演出大多邀请州和各县市文艺团队、非遗传承人、省内外文艺专业人士前来助阵表演。有傈僳族、怒族、独龙族、白族、普米族、

阔时敬献仪式 罗金合/摄

彝族等民族民间歌舞，也有原创歌曲演唱，节目异彩纷呈、精彩
至极。"阔时"节就是各民族文化大荟萃。举行"上刀山下火海"
活动或"万人摆时"演唱或"万人起奔"表演活动是"阔时"节
晚会的惯例和常态。此类表演场面宏大，令人振奋，摄人心魄。
　　"阔时"节晚会的高潮是午夜的狂欢时刻。狂欢的主题就是：喝

阔时狂欢 罗金合 / 摄

　　傈僳杵酒，跳民间舞。场地中央熊熊燃烧的篝火温暖着围着它跳舞的人们。狂欢的人们手拉手围着篝火狂跳怒江各民族民间规范舞，有傈僳族的"刮克""迁俄"、怒族的"达比亚""卓欠姆"、独龙族的"铓锣舞"、普米族的"搓蹉"、白族的"霸王鞭"、彝族的"阿史寨"、景颇族的"进房调"，等等。跳累了，还可以到场边免费喝几杯傈僳族"杵酒"止渴解乏；熟人、朋友邂逅还可以喝上一杯"交杯酒"或"同心酒"，喝饱饮足后又返回到人群中尽情狂舞直至深夜火灭、烟消、人散。

"阔时"节期间，还开辟"饮食一条街"，让游客品尝到地方、民族特色饮食；开辟有"商贸一条街"，让游客能够购买到当地民族工艺品、旅游商品、民族服饰、地方特产。文艺团体和社会组织还举办书法、美术、摄影、奇石、根雕等专业展览，让游客品味怒江州各民族和地方文化艺术魅力。体育部门还举行射弩、陀螺、过溜索等民族传统体育竞赛。2023 年的"阔时"节还举办以"秘境怒江，乐享阔时"为主题的皮划艇国际野水公开赛、彩虹道自行车赛、民族歌舞表演，等等。怒江州各民族以宽广的胸襟热忱欢迎全国各地的游客参与到这一民族传统盛会。

唱响情歌的节日——澡塘会

冬天的阳光格外明媚，峡谷的云彩异常洁白。距离六库 13 千米、高黎贡山脚下的怒江边，几株百年木棉花开正红。怒江清澈如洗、碧绿如练。温泉边的田坝里，傈僳族"摆时"传来动人的情歌："温泉泡开我心扉，泉边情歌令人醉。妹是池塘哥来泡，不脱层皮哥不回。温泉冒气你冒汗，不会动心你莫言。哥哥害怕泉水烫，不到泉边身先返。"木棉树下，几潭温泉水水气袅袅如烟。这里是泸水各族群众一年一度"澡塘会"举办地——登埂温泉。关于澡塘会，有一个传说：有一个傈僳族猎人，寻找一只中了毒

春浴 张秋亨 / 摄

箭的岩羊，走进登埂温泉，发现岩羊没入温泉中。此时，只有头伸出水面的岩羊也发现了猎人，惊吓之余，跳入怒江游江而过。猎人来到温泉边，发现温泉水带有刺鼻的药味，马上明白岩羊中毒未死的原因，便回村告诉父老乡亲，已找到治病解毒的温泉。

泸水市境内有滴水河温泉、玛布温泉、登埂温泉、老窝温泉、澡塘温泉。自古以来，当地傈僳族、怒族、彝族有"春浴"的习俗，而最具特色的是傈僳族"春浴"。每年春节、元宵节期间，四面八方的傈僳族群众拖家带口，身背炊具，抱鸡携肉聚集于温泉边，要么在岩洞里、要么自搭窝棚驻扎下来。白天泡温泉，晚上对情歌，一泡就是十天半月。老百姓泡温泉主要还是：洗去病灾伤痛，祈求来年健健康康、安然无恙。

春浴期间，傈僳族男女不分青年、壮年、老年，都要寻求自己的"意中人""情人""老相好"对唱"摆时"。会唱的人无论相互熟识与否都可以加入其中。实力相当的"摆时"对唱组合，会三天三夜不停歇、不间断唱下去。最终，由于彼此打开了心扉，有的"终成眷属"，有的发展为"情人"关系相约"来年再战"。经过上百年的流传发展，在温泉对唱"摆时"形成傈僳族独具民歌特色的《温泉恋歌》，被专业人士搜集整理后出版发行。早期，澡塘会就是傈僳族民歌盛会，也成就了不少民歌手走出泸水、走出怒江，把傈僳族民歌"摆时"唱到了北京、唱到了维也纳金色大厅。

20世纪80年代改革开放初期，每年农历正月初二至初五，泸水县人民政府在登埂温泉开始举办隆重、热烈的澡塘会，着手打造这一文化和旅游品牌，至今已初见成效。澡塘会期间，文化

澡塘会 杨学东 / 摄

部门还开展傈僳族"摆时"对唱、评比活动，歌手们不仅唱出心中的所思所想和愿望，还能捧走心仪的奖杯、拿走奖品；组织各乡镇民间文艺团体，到澡塘会上进行傈僳族"起奔"弹唱（跳）、白族"耍龙"、彝族"上刀山、下火海"和怒族民间歌舞等表演，进而使澡塘会成为泸水民族民间传统文化饕餮大餐；体育部门在澡塘会架设秋千、转秋设施，开展荡秋千、转扬秋、射弩、拔河、过溜索等传统体育比赛。商贸部门组织农民、个体经营者、商业企业主进行农特产品交易活动，在公路边、在梯田里、在泉池旁，各种小商品、特色小吃琳琅满目。远方来的客人，有着不同的需求，但却都能满足其娱乐、体验需求，可以到"摆时"对唱场里感受"天籁之音"，可以站在温泉池边感受蒸腾的热意，可以步入一排排摊位里尽情品尝当地小吃，可以寻求刺激而体验过溜索、荡秋千……

堆满鲜花的节日——怒族"乃仍"节

神山包围着的丙中洛是阿怒人祖祖辈辈生活的地方。丙中洛西南方向有一座高耸入云的山峰，由于整座山都是羊脂玉而显得五彩斑斓。从北部的东风村往南望去，活脱脱就是一只目视远方、昂首待捕的卧虎，守卫着怒江北部这片恬静、神秘的土地，这座山就是丙中洛十大神山之一，叫"巴拉生更格布"，就是常在摄影图片里出现的巩当神山。在巩当山腹地有一溶岩石洞，石洞中有一巨型钟乳石，每当春夏之交，钟乳石上滴下的山泉水落在地上的羊脂玉石头上发出"滴答滴答"的响声，日复一日，年复一年，"滴水穿石"这句格言在这里得到合理解释和印证。泉水滴落于钟乳石且每年春夏季节才会有这种现象，因此，被当地阿怒人视为"神水"。于是，每年都在这里举行祭祀仪式即过"乃仍"节，以纪念传说中美丽的阿茸姑娘。

阿茸姑娘是阿怒人中的一位年轻貌美的女子，她心地善良、勤劳勇敢，被当地财主看中而差遣使者前去提亲，阿茸姑娘哪会喜欢上好吃懒做的财主之子？她心中已经有了一个勇猛、无畏的阿怒小伙子。于是，阿茸姑娘便逃到巩当山后，躲进山洞里，依靠溶洞里的泉水生活了几个月，但终究没能逃过财主的魔爪，被烧死于溶洞之中。阿茸姑娘化作一根钟乳石，思念情人的眼泪变

采鲜花的怒族姑娘　武发菊／摄

成清透的水滴，迎来了阿怒人世世代代对她的崇拜和敬仰。人们为了纪念阿茸姑娘，每年都到山坡上采摘山茶花、杜鹃花、牵牛花做成一个个大大小小、花色各异的花环敬献于堆砌的"玛尼堆"上，以祭祀这位阿怒人心中的神圣、圣洁和为了爱情失去生命的姑娘。人们前往溶洞里汲水喝，祈求身体健康。由于与鲜花有关，乃仍节有时写作"鲜花节"，在申报国家级非遗传承保护项目时，又写作"仙女"节。

"乃仍"节一般在每年农历端午节前后山花浪漫时举行，后来作为民族传统节日写进了《贡山独龙族怒族自治县自治条例》。欢度节日期间，贡山县全县放假 3 天。"乃仍"节盛大、欢乐、独特，并非因为它是怒江州人口较少民族怒族支系阿怒人的传统节日，而是因为节日里活动仪式和内容多姿多彩，其中首屈一指的就是"选美"活动。阿茸姑娘在阿怒人心中是美丽、善良的，因此每年"乃仍"节期间，举办方都要开展阿怒美女评选活动。丙中洛以及其他乡镇的阿怒姑娘浓妆艳抹、打扮漂亮前来角逐，也博得不少眼球。节日里的祭祀也别具一格。花是神的化身，水是阿怒人的根。"玛尼堆"周围鲜花簇簇、争奇斗艳，火烧松枝的炊烟袅袅上升、弥漫天空，大树之间拴扎的经幡在风中猎猎飘动、五彩缤纷。反映阿怒妇女心灵手巧的织怒毯比赛也很别致。长长伸展的怒毯在比赛场地上并成排、色彩鲜艳，织女们手中的"金梭""银梭"穿梭不停，争先恐后、你追我赶。夜幕降临，广场上人头攒动、人山人海。藏族、怒族的弦子引来众多姑娘身穿簚毦围成圈载歌载舞；怒族的"卓欠姆"舞、藏族的弦子舞一支接一支接踵上演，欢乐祥和的气氛像朵朵云儿漂浮在丙中洛上

雨中访阿茸 王梅英 / 摄

"乃仍"节锅庄舞 罗金合／摄

怒族"乃仍"节祈福 武发菊／摄

空。唱歌、跳舞、喝酒是居住在这片世外桃源的、少数民族的幸
福"三部曲"，唱哑嗓子，跳酸腰肢，喝红脸颊，唱出月亮，跳
落星星也不舍离去。

　　在丙中洛怒族地区，与"花"有关系的节日还有一个，现代
人把它叫作"桃花"节。丙中洛东南角的怒江东岸，有一个碧罗
雪山延伸出来的形似巨型指头的地方，当地人称"杂那桶"。夏
天，红艳艳的桃花掩映着灰褐色的阿怒民居；一座由中国交通集
团公司援建的铁索桥连接着怒江丙中洛村和杂那桶村，从观景台
往下俯瞰，就能观看到这一幅美丽的山水画。因此，人们把"杂
那桶"称作"桃花岛"。桃花盛开时节，阿怒人为了祭水神，用
荞麦面、董棕粉和着蜂蜜揉捏出各种各样栩栩如生的家畜、野兽
模型，然后抬到桃花岛南侧悬崖上抛进怒江。人们又把这种民俗
活动称之为"桃花节"。

铓锣敲响的节日——独龙族"卡雀哇"

每一个民族都有属于本民族的节日，居住在祖国遥远的"飞地"的独龙族也不例外。独龙族根据月圆、月亏、花开、鸟鸣来计算年历，把一年称为"极友"，每月称为"数朗"，以"龙"为基数，把每年分为 12 个节令。一月称"投提龙"，即无事可干的月，此月山上有雪，男子打猎、女子织布，过传统年节"卡雀哇"；二月称"久门龙"，即下雪月，山顶还有雪，江边可以种洋芋、小麦、青稞；三月称"阿暴龙"，即除草月，万物普遍发青，可以砍火山；四月称"奢久龙"，即播种月，鸟开始鸣叫，除了继续砍火山外，可以种南瓜等作物；五月称"昌木蒋龙"，即花开花谢月，山谷中鸟开始叫，开始种玉米、稗子等作物；六月称"阿义龙"，即缺粮月，青黄不接，上山采野菜、挖贝母、捕鱼；七月称"布安龙"，即马铃薯成熟月，在玉米地除草，挖马铃薯吃；八月称"阿松龙"，即撒荞月、吃青玉米、收小米或各种瓜类；九月称"早络龙"，即收获月，可收玉米、稗子和瓜类；十月称"阿伤龙"，即秋收月，收粮食、修仓库，准备储粮；十一月称"总亚龙"，即降雪月，收回最后的粮食作物，备些柴禾准备过冬；十二月称"得日干龙"，即剥植物皮月，男子下江捕鱼、上山打猎，女子脱粒、织布，准备过下月的"卡雀哇"节。

"卡雀哇"节日时间的长短主要以食物的准备而定，一般是两三天或四五天不等。1991 年，贡山独龙族怒族自治县人大常委会根据广大独龙人民的意愿，把每年 1 月 10 日定为独龙族"卡雀哇"节。

独龙族欢度"卡雀哇"过去以氏族部落集团或寨子为活动单元，当一个氏族过节，必定用特制的木刻邀请其他氏族前来参加。木刻上有几道缺口就表示再过几天后就举行庆祝年节的仪式，被邀请的人就带上各种食物前往致意祝贺。在预定的日期里，宾主相见，习惯都要与主人共饮一筒水酒对唱民歌"门租"。火与人有着不解之缘，独龙族信奉万物有灵，火也有火神。白天，插在屋顶上的七彩独龙毯迎风猎猎，给节日增添五彩缤纷的气氛。夜晚，"纳木萨"祭完火神，锉锣便立即敲响，人们围着篝火一边品尝食物，一边观赏青年人跳舞，共同庆祝一年一度的丰收。偌大的山谷，只听见"咚咚咚，咚咚咚"的锉锣声，惊醒了无数栖息于树林的虫鸟、野兽。山谷更加寂静和神秘，江河更加缠绵和欢快。在各自家中，男人则边唱祝酒歌边饮酒，喝完后将碗抛入悬挂在火塘上空的竹架上，以碗口朝天为吉兆、碗口朝下为凶兆。第三天，举行"剽牛祭天"仪式，这是独龙族"卡雀哇"节最隆重的仪式。因为，独龙族崇拜的天神叫"嘎木"，是它保佑着居住在这片土地上的百姓平安幸福。

"其拉"是氏族寨子的意思。"其拉"里总有一块宽敞的场子，这是独龙族祭祀、集结、跳舞的地方。蓝天下，一头肥硕的牛被拴在场中央的木桩上。牛角上挂一圈花环，牛背上披一张独龙毯子。村中长老给牛喂五谷饭，这是对牺牲品最朴素的尊重和对"嘎木"的敬献。年轻的剽牛手手持锋利的竹制剽枪与祭师一同喝下一竹筒同心酒后，步入剽牛的最佳位置，对准牛腋下猛地一枪刺去，牛应声倒下。

牛一命呜呼后，随着锉锣声响起，在场的人群顿时沸腾起来，

独龙族叙事歌 怒江州文化和旅游局 / 供图

男人们挥刀起舞，女人们闻声舞动，边跳边高声欢呼，以谢天神，男女老少都陶醉在欢乐的气氛之中。一阵狂舞过后，将牛肉按到场人数分之，所有人都分得一份数量相等的生牛肉，而牛头归勇敢的剽牛手。场地上烧起一堆熊熊大火，人们边烧牛肉边喝着自己带来的水酒，谈笑风生，祝福来年风调雨顺。

进入新时代，独龙族的思想观念发生深刻变革，尽管还延续着古老的"剽牛祭天"习俗，但为了保护大额牛种群，处理好人与自然之间的和谐关系，他们不再用活牛来做"祭天"牺牲品，而是用树枝条、塑料、纸扎成一头"牛"举行仪式，只要铓锣声响起，照样可吸引来许多游客体验这一民俗活动。

谈情说爱的节日——普米族"转山"节

农历五月初五，对于大多数中国人来说，并不陌生，因为这天是中国民间传统节日端午节。但对于兰坪县境内的普米族而言，这天是他们一年中最特殊的日子。因为这一天，是普米族青年男女去山中绕山岩、采药及谈情说爱、私订婚约的吉日，普米族给了它一个富有诗意的名字叫"转山"节。普米族流传着几句谚语：有山就有歌，有坝就有舞；山有多高歌声就有多高；坝有多广舞蹈就有多大。"转山"节最早流传于居住在兰坪县河西乡大羊场附近的普米族村寨。因为大羊场有着宽阔、平坦的草甸，这是普米族尽情跳"搓蹉"舞的地方。从2003年起，兰坪县人民政将其改称"情人节"，有人又称"东方情人节"。

相传，元朝初年，为了打破各民族之间禁止通婚的障碍，加

转山祈福　木林群／摄

强民族之间的团结，土司木天王就下令推行"和亲"政策。为了使当地的男女青年有谈情说爱的场所，木天王就在每年春暖花开、枝繁叶茂的五月端午节期间，在普米族居住的罗古箐等地开展活动，促进各族青年联姻。久而久之，"转山"节也就由此传承至今。

　　端午节这天，当朝霞洒满山山岭岭，一缕缕炊烟从普米族寨子上空弥漫开来时，普米族男女老少们身着节日盛装出门，前往深山老林。老人进山采药，青年男女则在草坝上对歌、跳舞。老人们先是在岩洞石坑上点上酥油灯，燃烧树枝以熏走晦气、邪气和身上的疾病、灾难。火烟熏尽、火堆灭后，在岩洞边盘腿坐着

情"伞"罗古箐 李春良／摄

喝几口泡有雄黄、菖蒲的药酒,吃蜂蜜蘸苦荞粑粑。闲聊唠嗑、吃饱饮足后,就到溪水或瀑布下洗澡,以洁净全身,祈求来日平安、健康。夜晚"情人节"迎来高潮时辰。空气中弥散着欢乐的气氛,每个火堆旁都聚集了不少年轻人,他们一边饮酒一边调侃、逗乐,要么说说笑笑,要么窃窃私语,一张张因酒微醺而兴奋通红的脸在火光里晃来晃去。乐手们弹响手中的"比柏",吹起芦笙、笛子或树叶"比朴搓""缥搓",和着乐声与羊皮鼓点跳舞,他们边舞边歌,喜悦欢腾。普米族是风情万种、钟爱情感的民族,他们在跳舞时,有意无意地扭摆臀部轻轻撞向自己中意的异性,并悄悄观察对方的反应,或者在牵手共舞时轻轻挠对方的手心。当这些表达情感的暗号发出后,若得到及时回应,两人就不约而同地离开舞场走进密林中幽会,有的甚至背着家中父母私自订下终身,悄悄描绘未来人生的美好愿望。

随着时代的演进,这个节日,由普米族男女老少都参与的方式,变成了仅供青年男女狂欢的天堂。这是他们踏青游山、结识异性、情侣会面、约定终身的好日子,现在演变成了具有浓郁民族特色的"情人节",并且得到官方认可,每年都在兰坪县通甸镇罗古箐风景区举行。从此,这里的坝子叫作"情人坝",两棵并生并长一般高的树叫作"情人树",丹霞彩石叫作"情人崖",回音壁叫作"情人回音壁"。举行活动这天,每一位男游客都可以与一位漂亮的普米族姑娘"结一次婚";女游客亦可与普米族帅小伙来一次"私订终身",并且为"新郎""新娘"举行隆重的从"抢亲"到"步入洞房"的普米族"婚礼"习俗仪式,让游客亲身感受这一古老的婚俗。

CHAPTER 14
歌舞醉客记忆怒江

也许你听不懂唱词的意思，但置身其中，顿感回到古老的时代，心中不免荡起阵阵虚幻、邈远的情绪。

多声部天籁之音——傈僳族"摆时"

　　古代氐羌部落的后裔傈僳族，自有记载以来便不断从西北高原向南迁移，经横断山脉之中的雅砻江流域，过四川盐源、德昌至金沙江流域，明朝嘉靖年间，又有一部分傈僳族往西迁徙，成了怒江大峡谷的世居民族之一。

　　年轻人谈情说爱、打情骂俏和寻找情人是傈僳族"摆时"起源的根基，"摆时"二字在傈僳语里是"说唱"的意思，"摆"即"说"，"拾"即"种类"或"形式"。所以，"摆时"在傈僳族社会里属于民间曲艺类的艺术。它是傈僳族民间诗歌中颇有特色的一种民歌形式，不仅数量多，流传广，而且艺术性强，被外界誉为"天籁之音"。这主要是因为它的演唱有音差二度的喉根颤音和四声部合唱特点的古老曲调。"摆时"这种民歌奥妙无

傈僳族"摆时"表演 罗金合 / 摄

穷，要想了解它，得从几个维度说开去。从它的流传地、唱腔上可分为：兰坪的"拉古摆时"、泸水"摆时"；从旋律上看，有节奏悠扬的，有节奏缓慢的；从叙事内容上分，有《种竹调》《节节高》《口弦调》《情歌》，等等。无论"摆时"有多少种曲调，它的演唱基础是"摆"，也就是说，它的基本旋律是"吟诵"，把"吟唱"用在"摆时"的演唱上是再贴切不过了。中国古代的诗是吟唱出来的，因此产生"诗歌"一词，而傈僳族"摆时"则是从说唱演变而来。"摆时"的原始面貌是男女青年相遇时表达各自的倾慕之情或男追女的情感倾诉，后来逐步发展成为群体男女对唱。一人领唱众人合唱是"摆时"对唱的基本形式。无论领唱人吟唱多少句，合唱的只对最后两句，而且具有严格的对仗对偶规律。傈僳族的"摆时"有着奇妙的比喻和形容，大自然中的各种物质可以代表男人、女人、心理活动、行为，等等，而用比

傈僳族"摆时"对唱 罗金合 / 摄

喻、比拟、形容修辞的主要原因还是不让旁人听出男人和女人之间的秘密。进而，一般傈僳族演唱"摆时"时，异性差辈之间是忌讳对唱的，甚至不能围观聆听。"摆时"属于情歌，随意性大，绝大部分是歌手的即时心情、情绪结合生活实践中的所感所悟即兴演唱。"摆时"是不能由祖父母、父母给下一代传授教导的，有的地方，长辈和晚辈在场的场合，不能提及"摆时"二字，因为，"摆时"在他们看来就是男女之间的情歌、嬉歌。2006年，"摆时"被列入国家级非物质文化遗产名录。

傈僳族也用"摆时"叙事，这种形式称为"叙事调"；用"摆时"歌颂共产党、歌颂社会主义，这种形式称为"政策调"。20世纪50年代，傈僳族著名歌手李四益是第一个把"摆时"唱到北京的人。他用"摆时"歌唱党的民族政策，让党的民族政策插上腾飞的翅膀，飞入寻常百姓家。今天，也有不少民歌"非遗"传承人沿用"政策调"的唱法，歌唱新时代的幸福生活。每年傈僳族"阔时"节、"澡塘会"以及庆祝建党、建国活动中，都会组织万人"摆时"演唱和比赛。由于"摆时"演唱形式的独特，旋律优美、张扬，场面十分壮观。有的人形容傈僳族"摆时"是唱给大地、唱给蓝天的歌，高亢、雄浑的旋律犹如雄鹰在天空翱翔；动人玄妙的唱词能把树梢的鸟雀哄到手心上，也能把对方刺激得心海翻滚。而这般赞叹往往出自那些被对方嬉戏、打动的歌手之口。男人和女人就是这么奇特，用歌声也能打开对方的心声，步入对方的心房。多少年来，"摆时"搭起无数男女之间情爱的桥梁。也许，你听不懂唱词的意思，但置身其中，顿感回到古老的时代，心中不免荡起阵阵虚幻、邈远的情绪。

追忆祖先的古歌——傈僳族"木刮"

　　人类从远古走来，留下的足迹如一行行诗歌。一行行诗歌咏吟起来便成为古歌。"木刮"是怒江州境内傈僳族的一种古老的民歌演唱曲调，曲调名称含义丰富，既包含曲调古老之义，又暗指叙述的事物古老，还包含以老年男人之间对唱为主的形式的含义。傈僳族《创世纪》《牧羊歌》《婚礼歌》《重逢调》就是以"木刮"的形式演绎并流传下来的。其中《创世纪》是傈僳族先

傈僳族"木刮"　罗金合／摄

民为了解释万物生长、人类繁衍而创作的叙事长诗，主要由《老妇人咒天》《洪水滔天》《天地分离》《葫芦载人》《兄妹射日月》《兄妹成婚》《民族繁衍》等唱段组成；《牧羊歌》则是唱述傈僳族古老的婚俗礼仪，承传了新人结婚、成家立业、生儿育女及牧羊等各种劳动生产技术知识。傈僳族"木刮"采用大量的隐喻、排比、拟人等表现手法，格律严谨，对仗工整。除了常用的一二、三四或一三五、二四六相互押韵对仗之外，还采用段与段之间相互押韵对仗的表现手法，具有很强的艺术感染力。"木刮"一般是男性之间一边代表男方、一边代表女方的对唱，而非异性之间对唱。无论是求婚、说媒，还是演绎古老的传说，都是以这种形式进行。

任何一个民族都有对本民族起教化作用的古老歌曲，"木刮"就是傈僳族教育后代、解释天地、人类起源的古老民歌。有的人把"木刮"称为"火塘边的古歌"，朋友聚会、庆祝丰收、乔迁新居等场合，老人们聚集在火塘边，吟唱"木刮"，名为自娱自乐，实则教育后代，让子孙后代在悠扬的旋律中心灵得到洗涤、灵魂得到净化、性情得到陶冶。只要听到傈僳族"木刮"悠长的歌声，便能让人感到迷离恍惚，虽一时间听不透唱词的意象，但这个民族的智慧和歌声所展现的历史年代感却会不经意浮现在脑海，这个民族在古代一路征战一路前行的画面仿佛浮现在眼前。会听的人，可以感知到"木刮"奥妙无穷的唱词和教化人的道理；不会听的人钦佩其旋律幽婉，给人带来无尽的音乐享受和深陷想象的深渊，更钦佩这个民族今天在党的领导下，勇于拼搏、善于斗争，力争过上幸福生活的秉性和精神。

悠悠情歌——傈僳族"优叶"

福贡县是怒江州傈僳族主要聚居区,这里的傈僳族主要由鱼、蜂、鼠、虎等氏族组成。300多年以来,他们的先民陆续从今迪庆州维西县、德钦县以及丽江市玉龙县搬迁而来。特殊的地理环境孕育出福贡独特的傈僳族传统文化,情歌"优叶"就是其中之一。这种曲调还有另外一种咏唱形式,叫"阿秀"。在傈僳族民歌中,"优叶"像一朵清丽纯净的山花,也像一首春花秋月般的诗歌。多少年来,人们一直不离不弃地传唱着,直至今日也不乏到处飘扬着悠扬的"优叶"声。

福贡傈僳族庆贺丰收、乔迁新居、结婚喜庆、迎接贵宾时男女青年为表达喜悦心情要对唱"优叶"。"优叶"曲调至少有五种,各调的旋律不同,有的节奏明快,有的旋律悠长,选择哪一种曲调由歌唱者的情绪而定,而同一场合也可以唱多个曲调。"优叶"的演唱方法一般是领唱者领唱一至二句,而合唱部分是最后一句,具有严格的对仗对偶规律。演唱时虽然有些比喻、形容和比拟等修辞手段,但并不那么深奥、含蓄、婉转,更多的是直来直去的唱词,一般人可以听得懂其意思抑或参与其中,长辈对唱时晚辈也可参与合唱,晚辈对唱时长辈也可以参与其中,只要把喜悦的心情表达出来就行。由于"优叶"即兴唱词简单、直白、明了,内容可长可短,合唱的唱段简洁,不是傈僳族不懂傈僳语的人也很容易接受,融入到演唱"优叶"和"阿秀"的欢乐海洋之中。

奔放激越的舞蹈——傈僳族"刮克"

　　"刮克"这种民间舞蹈，泸水市傈僳族叫"刮克"，福贡、贡山傈僳族叫"哇克"，一音之差含义却基本一致，就是"欢快时跳舞"的意思。人只要高兴、快乐，有喜悦之情就要唱歌、跳舞，这是这个民族直率的性格体现。"刮克"是一种集体舞，它舞步轻快、动作有力，靠脚震动有力地踏地和手臂上下、前后摇摆为节拍和节奏。"刮克"舞蹈刚劲、有力、奔放，在木楼里跳，木楼会因此晃动；在平地上跳，场地会因此震荡；在舞台上跳，观众会因此心跳脚痒。难怪有人把"刮克"形容为傈僳族的"踢

傈僳族优叶 罗金合 / 摄

踏舞"嘞！

　　当然，"刮克"也有着不同的舞蹈方式和旋律、力度以及伴奏方式。流行在泸水的"刮克"有三大种类。第一种是无伴奏舞蹈，主要有"猴子划拳舞""嫁女舞"等；这种舞蹈手脚并用，做出划拳的动作，节奏感很强；后来，艺术家们将其改编成劳动生产舞，在舞台上展现给世人，同样引人瞩目。第二种是流行在古登、洛本卓一带的"起奔"伴奏舞蹈，主要有"乌鸦喝水舞""洗麻舞"等；这种舞蹈根据"起奔"弹出的节奏舞步，做出乌鸦喝水、人踩麻皮洗麻的动作，形态逼真，舞步优雅。第三种是流行在泸水鲁掌、上江一带傈僳族地区的"起奔"（三弦）小调舞，主要有"两只松鼠啃核桃""搓弩弦""独鹦鹉叫""小妹跟我走"等；这些"起奔"小调内容有含义，短小精悍，一般四至六句，可以重复弹跳；根据领舞者三弦的弹奏而舞蹈，易于表演，易于学习。流行在福贡、贡山傈僳族地区的"刮克"主要是靠"起奔""笛哩图""玛弓""楚楚"伴奏的集体舞。舞蹈时，大家围成圆圈，随着乐器的弹、吹、拨的节拍进行舞蹈。舞蹈的节奏根据伴奏者的节拍展开，一般是 6 个回合为一段。庆丰收、进新房、结婚典礼上傈僳族都要跳"刮克"来表达喜悦心情，这种表现形式既古老又朴素更简约，能体现族群的和睦、社区的和谐。

男女对跳木楼舞——傈僳族"迁俄"

历史上，傈僳族在不断迁徙的过程中，根据所处的地势，总结出了一套建筑经验和技术，其中就有一种，叫"千脚落地"，专业名称是"杆栏式"建筑。过去，从傈僳族木楼里传出短笛"笛哩图"和"起奔"的旋律伴随着"刷刷刷"的脚踏竹篾笆楼的声音时，那一定是傈僳族男女青年在跳"迁俄"了。

"迁"在傈僳语里是"摩擦"的意思，"迁俄"就是用脚掌轻轻摩擦地而舞的舞蹈。那么，"迁俄"为什么只流行于福贡县、贡山县傈僳族地区呢？这是因为过去，福贡、贡山傈僳族主要居住在木楼上，而楼板主要以竹篾笆建造，因此跳舞时不能使劲地跺脚、蹦跳，只能轻轻地摩擦篾笆而跳。"迁俄"在舞蹈时男女各自面对面站成两排，男子抱"起奔"，女子吹"笛哩图"，弹"玛弓"或"楚楚"伴奏而舞，队形以行为主，男女各面对面站成两排，跳舞时，男进女退，女进男退，这样循环往复。舞姿主要靠脚步移动和腰身、臀部扭动摆转，使舞步显得轻佻、典雅、潇洒。因此，有人称"迁俄"是傈僳族的"宫廷舞"。朋友聚会、

傈僳族"迁俄"舞 罗金合 / 摄

傈僳"迁俄" 张晋康 / 摄

庆祝丰收、结婚典礼、乔迁之喜等场合，"迁俄"可以表达人们的欢乐心情，从而呈现出一派和谐、吉祥狂欢、热闹的氛围。到怒江旅游心花怒放地跳一场傈僳族"迁俄"，酣畅淋漓地喝一次傈僳族的"杵酒"，那将是一次十分愉悦的旅程，让你流连忘返，离开了还想再来。

简约朴素的舞蹈——独龙族铓锣舞

独龙江处于怒江茶马古道边缘，因此，铓锣是最早进入独龙族社会的一种金属器，用于"纳木萨"祭祀和替代爆竹邀集族群以及恫吓野兽的器物。由于其声铿锵有力、荡气回肠，渐渐演变为独龙族跳舞时的打击乐器。

过去，独龙族欢度传统节日"卡雀哇"节时，跳铓锣舞以彰显节日欢乐气氛和热烈；举行"剽牛祭天"活动时，跳铓锣舞以显示对天神"嘎木"的虔诚和尊敬；组织猎手出征"积德哇"（集体狩猎）时，跳铓锣舞以体现群体的力量；获得猎物、整个"其拉"分食时，跳铓锣舞以表达猎获后的喜悦之情。今天，独龙族乔迁新居、嫁女娶妻、庆祝丰收以及歌颂中国共产党、歌唱新时代更要敲响铓锣跳铓锣舞。跳舞时，不分男女老少都围成圈，其中一人敲响铓锣，其他人摆动手臂或向上，或向前，或朝后，随着节拍起舞，嘴里还不停地喊着"雄朗雄朗"和"伊呷呷伊呷呷"以表现欢乐、兴奋的情绪。动作舞姿和伴奏简约、朴实、单纯。表达着他们过上幸福生活的喜悦心情。铓锣舞是一种十分简朴的

独龙族铓锣舞 罗金合/摄

民间舞蹈，融入性很强，在狭小的独龙江河谷也好，或者在宽敞的城市广场也罢，只要听到"咚咚咚"的铓锣声，人们便都循声不约而往、自然而然地参与其中尽情舞蹈，感受身居边远地区的独龙族那种与世无争而又不断进取，和古朴率真而又文明进步的民族性格与精神。

弦子拉出的激情舞——阿怒"卓欠姆"

世外桃源丙中洛的千亩良田在格玛洛河北岸和南岸广泛分布，这里是贡山县的粮仓。每当阿怒人把田里的稻谷收割完毕，为了庆祝丰收，就在稻田里抑或在某个人群聚集的场合，或喜庆的结婚场所，或乔迁新居的屋子，拉响弦子手挽手跳起奔放的"卓欠姆"舞蹈。阿怒大哥的弦子在他的腹部前拉着节奏明快的乐曲，边拉弦边舞蹈的姿势是那么潇洒自如；身着艳丽服装的小伙子和小姑娘随着弦子声的舞步是那么的轻盈飘逸。已经很难分清是藏族的锅庄舞还是怒族的锅庄舞。在舞蹈的人群中，有穿藏族氆氇袍子的，也有身着阿怒盛装的，抑或还有身着傈僳族服装的姑娘小伙，那种欢乐、祥和的场面只在世外桃源丙中洛才会出现并一直延续着。

悠然自得的乡村生活，忽然响起"卓欠姆"的舞曲，使这块幽静、安宁的土地更加神秘、温馨。沉浸在热情的舞蹈中，会让你短暂地忘记相隔千里万里的家人；喝着甜甜的"咕嘟"酒，全身血液沸腾，会让你一时间忘记人世间的酸甜苦辣。尽管脚步笨拙地随着舞者们的舞步移动，但那种欢乐和奔放依然催促着你向前、向前。一张张年轻的脸庞，堆满盈盈的笑脸和热情，酒碗在人们手中递来递去，饮酒后的豪迈气氛不需言说你的朦胧醉意，就连院坝旁边的丁香树、柿子树、板栗树、核桃树也陶醉不已。

羊皮敲出的龙摆舞——普米族"搓蹉"

来怒江旅游，当你看到身着百褶裙的姑娘和身穿羊皮褂的小伙子，或手牵手，或后面的人双手扶着前面那个人的双肩成一字形舞出蛇形的舞蹈，那一定是普米族传统舞蹈"搓蹉"。传说，普米族先民是元代忽必烈西征时遗留下来的一个部落族群，旧时称为"西番"，他们的先民原居住在甘肃南部和青海东部，后进入青藏高原并逐步南迁至金沙江、雅砻江流域。既然与北方民族部落有关，就有与游牧的羊群传说、故事有关。普米族头戴羊毡帽，身披羊皮毡，身着羊绒服，床垫羊毡子，就连做的乐器大四弦都与羊皮有关：四弦的共鸣器是羊皮抻的，弦是羊脚筋扯的，跳舞的节奏是羊皮敲打出来的。

生活在兰坪县云岭山脉腹地的普米族，只要有一小块坝子就是他们跳舞的舞场。普米族的舞蹈多种多样，"仆瓦磋"是模拟动物的行走的舞蹈，"醒鹰磋"是崇拜英雄的舞蹈，但是广为流传的还是用四弦"比柏"伴奏的四弦舞，叫"羊皮舞"。在堂屋火塘和野外篝火四周，在开满山花的坝子，只要普米

普米族搓蹉舞 杨学东 / 摄

族年轻人在一起，就避免不了跳一场羊皮舞。一个男子手持折叠的羊皮敲打、几名男子和姑娘弹起四弦，一群人一个接一个双手扶着前人的肩膀随着节律晃动身子和腰肢蛇形往前跳，像一条龙摆动身躯缓缓向前行进。因此，有的人把这种舞蹈称为"龙摆舞"。舞蹈中，彼此有意的男女会用撞胯的方式来表达对对方的爱意。搓磋舞蹈套名多，队形、舞步变化丰富，有张有弛，不受参与人数的限制，少则几十人参与，多可上万人齐跳，多用于各种喜庆、健身活动，是普米族人民最喜爱的舞蹈。

普米族舞蹈"鸡吃水"　怒江州文化和旅游局 / 供图

后记

　　此书撰写前期，经过中国民族文化出版社领导和编辑对提纲的审定，最后确定书中所列内容。内容涵盖了怒江傈僳族自治州泸水市、福贡县、贡山独龙族怒族自治县、兰坪白族普米族自治县的自然风光、历史遗迹、音乐舞蹈、节庆节日、物产餐饮、集市街道，等等。在撰写过程中，笔者翻阅了大量有关旅游、文化、经济等方面的图书，还参阅了《怒江州志》《我们的怒江》及各县市志书等地方史志资料和《怒江大峡谷导游词》等旅游文化书籍，调研了部分旅游行业企业，联系沟通了企业主，征求了他们的意见建议。笔者蒋茜深入到泸水、福贡、贡山进行细致的田野调查，搜集第一手资料，才得以顺利完成书稿撰写任务。在撰写过程中，得到了中共怒江州委宣传部、怒江州文联摄影影视家协会的大力支持，尤其得到中共怒江傈僳族自治州委常委、宣传部和桂莲部长，宣传部和俊宏副部长，出版社刘彦明社长和赵天老师的热切关心和具体指导。在此，对以上单位和个人一并表示衷心感谢！

　　由于笔者才疏学浅，写作功底不深，加之怒江州文化旅游产业发展思路在不断变化，对一些景区景点的开发状况拿捏不准确，书中固然有不可避免的不妥、不足之处，敬请读者原谅及批评。

澜沧江大拐弯　周天益／摄

图书在版编目（CIP）数据

带一本书去怒江 / 熊泰河，蒋茜著 . -- 北京：中国民族文化出版社有限公司，2024. 8.（2025.1 重印）--（中国这么美的 30 个自治州）. -- ISBN 978-7-5122-1937-3

Ⅰ . K928.974.2

中国国家版本馆 CIP 数据核字第 2024ZW2757 号

带一本书去怒江
Dai Yi Ben Shu Qu Nujiang

总 策 划	刘彦明
执行策划	赵 天
作 者	熊泰河 蒋 茜
责任编辑	赵 天
封面摄影	罗金合 周天霞
排 版	王韦韦
责任校对	李文学
出 版 者	中国民族文化出版社 地址：北京市东城区和平里北街 14 号
	邮编：100013 联系电话：010-84250639 64211754（传真）
印 刷	小森印刷（北京）有限公司
开 本	710mm×1000mm 1/16
印 张	16.5
字 数	180 千字
版 次	2024 年 10 月第 1 版
印 次	2025 年 1 月第 2 次印刷
标准书号	ISBN 978-7-5122-1937-3
定 价	78.00 元